コマンドはキーボードから／コマンドのスペルは覚えなくても大丈夫／カーソル位置にコマンド表示／コマンド履歴の使いこなし／右クリックメニューで図形を編集する／クイックアクセスツールバーにコマンドを追加／好きなところまで一気に戻れるUNDO／このコマンドはリボンのどこにある？／「定常」と「優先」を使い分ける／補助線を使わないで作図（1）〜延長上の交点の指定〜／補助線を使わないで作図（2）〜基点設定とトラッキング〜／「点」オブジェクトスナップはどう使う？／ダイレクトに図芯にスナップ／選択循環で重なった図形から目的の図形を選ぶ／図形の再選択オプション／条件に合った図形だけを選択／投げ縄で自由に選択／選択した図形だけを表示する／進化した寸法記入「スマート寸法」／寸法値を丸める／おかしな寸法値をさがして修正／図面上の寸法を利用して寸法スタイルを作成する／寸法値を2段書きにする／寸法値だけを移動する／分数表記にする／縦書き文字を記入する／文字を図形にする／文字（TEXT

変換／文字の幅や位

／半径0とR付きフィ

形を等間隔に配置する

に回転／回転して大き

い単位が表示されてい

を1本のポリラインに

でつながるハッチング

AutoCADの達人が
教えてくれる
ベストテクニック
100

AutoCAD 2019 対応

鈴木裕二＝著

すくなった雲マーク／断面性能を書き出す／電卓機能でこんなことができる／足す・引くが自在な面積計算／図形と連動する面積値／ツールパレットによく使うブロックを並べる／［名前削除］で図面を軽くする／図面間移動・複写ならクリップボード／どこが変わったか図面比較／色従属印刷スタイルと画層／寸法は寸法専用画層に／黒背景か白背景か？／画層ごとに表示してチェックする／勝手に画層を作らせない／画層フィルタで表示を最小限に／一気に ByLayer に／まだモデルだけで作図している？／レイアウトに異なる縮尺の部分詳細図／複数レイアウトをまとめて印刷する／レイアウトからモデルに／図形を置く空間を変更／用紙を180度回転して作図／ダイナミック　　　　　　　　　　クブロックの作り方〜ストレッチ〜／ダイナミックブロックの作り方〜ルッ　　　　　　　　　の作り方〜反転と回転〜／ダイナミックブロックの作り方〜配列複写〜　　　　　　　　　　〜可視〜／ダイナミックブロックの作り方〜尺度変更〜／シートセットマ　　　　　　　　　をシートセットマネージャで使う／シートセットマネージャでビューを使いこなす／外部参照の使い方／外部参照をブロック挿入／外部参照が切れている図面をさがす／AutoCADだけでPDFを作成／PDFからAutoCAD図形を作成／Excel から AutoCADの表へ／属性を Excel で集計／ Excel で座標計算して作図／図形データを Excel に／地図を図面として使う／ Revit で DWG ファイルを使う／ ARCHICAD で DWG ファイルを使う／Jw_cadで読めるDXFを作成する／クラウドでAutoCADを使う／スマートフォンで図面を見る

カバーデザイン	会津勝久
本文デザイン	トップスタジオ
イラスト	鈴木裕二
印刷	ルナテック

Autodesk、Autodesk ロゴ、AutoCAD、AutoCAD LT は、米国 Autodessk,Inc.の米国およびその他の国における商標または登録商標です。本書に記載した会社名や商品名は、一般に各社の商標または登録商標です。

はじめに

　イラストを描くのが楽しかった本書だ。今回も、新しいイラストを2つ追加した。
「62 どこが変わったか図面比較」と「95 地図を図面として使う」の2つのテーマだ。
前者の「図面比較」はAutoCAD 2019で登場した使える新機能だ。後者は「地理的
位置」という固いコマンド名だが、インターネットによって世界中の地図を図面で使うこと
のできる楽しい機能だ。「89 PDFからAutoCAD図形に」もAutoCAD 2017からの新
機能だ。

　すべての項目について、最新のWindows 10とAutoCAD 2019の組み合わせで検
証した。加筆したり、書き直した項目も多い。

　特にクラウド関連の機能は製品名称を含めて大きく変わった。「AutoCAD 360」と
呼ばれていたのが「AutoCAD モバイル」になった。スマートフォンで図面を作れる、と
いっても小さな画面で線を引いたり文字を記入したりは難しいので、現場で図面を見るに
使うのが精いっぱいだろう。「99 クラウドでAutoCADを使う」で紹介した共有ストレージ
の「A360 ドライブ」は筆者も便利に使っているが、知らない間に機能が追加されたりし
ている。クラウドで使うアプリケーションは頻繁にその機能が変わる。本書が出回る頃に
は、「AutoCAD モバイル」も「A360 ドライブ」も何か大きな変更がおこなわれているか
もしれない。

　BIMアプリケーションが全盛だが、その代表格RevitやARCHICADを使っていても、
二次元のCADであるAutoCADを併用している設計者が意外に多い。まだまだ
AutoCADテクニックを身につければ、ちょっと自慢できる。本書はそんな自慢できるテク
ニックを100個集めたつもりだ。

　今回もエクスナレッジ社の杉山さんに編集を担当していただいた。ていねいな指導と助
力に感謝したい。

2018年6月

鈴木 裕二

本書について

本書は、パソコンやWindowsの基本操作を習得し、AutoCADで簡単な図形や図面が描ける方を対象としています。AutoCADの基本的な操作は、市販の解説書などを利用して習得してください。

本書はAutoCAD 2019とWindows 10の環境で執筆されています。本書の内容は2010以降のバージョン対応としていますが、お使いのパソコン環境によっては同様の結果が得られない場合があります。また、古いバージョンには搭載されていないコマンドも紹介しています。本書の記載内容は2018年5月現在の情報です。以降、製品の仕様や記載URLに変更が生じることがあります。あらかじめご了承ください。

● AutoCADについて

AutoCADは米オートデスク社が開発した2次元／3次元汎用CADです。オートデスクのオンラインインストアなどで購入できます。2018年5月現在の最新バージョンはAutoCAD 2019です。

本書にはAutoCADは付属しておりません。AutoCADの体験版はオートデスク株式会社のホームページ（http://www.autodesk.co.jp）からダウンロードできます。

● コマンドの実行方法について

本書はAutoCAD 2019で執筆しているため、メニューやボタンからコマンドを実行する操作はAutoCAD 2019のインタフェースに準じています。他バージョンのAutoCADをお使いの場合、メニューやボタンの位置が表記と異なることがありますので、操作解説では実行するコマンド名も併記しています。

例：［オブジェクト選択フィルタ］（FILTER）コマンド

記載されているコマンドのメニューやボタンが見当たらない場合は、英語表記のコマンド名をコマンドラインに直接入力して実行してください（上記の場合なら、「FILTER」と入力）。

● 付録CD-ROMについて

本書付録CD-ROMには、約1730個のダイナミックブロックと一般のブロックを収録しています。使い方については、240ページ「付録ダイナミックブロックの使い方と収録内容」をお読みください。収録しているDWGファイルは2010形式です。バージョン2009以前のAutoCAD（LT）では開くことができません。

● 本書記事内容に関するご質問について

本書記事に直接関係する内容のみ、FAXでのご質問を受け付けております。本書104ページをご覧ください。

CONTENTS
目 次

はじめに 3

本書について 4

本書に関する質問について（質問シート） 104

索引 253

第1章 ● とにかく早く作図する方法

01 コマンドはキーボードから 10

02 コマンドのスペルは覚えなくても大丈夫 13

03 カーソル位置にコマンド表示 14

04 コマンド履歴の使いこなし 16

05 右クリックメニューで図形を編集する 18

06 クイックアクセスツールバーにコマンドを追加 20

07 好きなところまで一気に戻れるUNDO 22

08 このコマンドはリボンのどこにある？ 24

第2章 ● 正確な図面のためのオブジェクトスナップ

09 「定常」と「優先」を使い分ける 26

10 補助線を使わないで作図（1）～延長上の交点の指定～ 28

11 補助線を使わないで作図（2）～基点設定とトラッキング～ ... 30

12 「点」オブジェクトスナップはどう使う？ 33

13 ダイレクトに図芯にスナップ 35

第3章 ● 図形の選択、図形の表示

14 選択循環で重なった図形から目的の図形を選ぶ 38

15 図形の再選択オプション 40

16 条件に合った図形だけを選択 42

17 投げ縄で自由に選択 45

18 選択した図形だけを表示する 47

第4章 寸法を正しく、見やすく記入する方法

19 進化した寸法記入「スマート寸法」 50
20 寸法値を丸める 54
21 おかしな寸法値をさがして修正 56
22 図面上の寸法を利用して寸法スタイルを作成する 58
23 寸法値を2段書きにする 59
24 寸法値だけを移動する 60

第5章 文字をもっと使いこなす

25 分数表記にする 62
26 縦書き文字を記入する 63
27 文字を図形にする 65
28 文字(TEXT)をマルチテキストに変換 67
29 条件を指定して検索する 69
30 属性文字を普通の文字に変換 71
31 文字の幅や位置をそろえる 73

第6章 移動、複写、削除だけじゃない図形の編集

32 操作の結果はプレビューで確認 76
33 トリムと延長をすばやく切り替える 78
34 半径0とR付きフィレットの切り替え 79
35 フィレットで接円を作図 80
36 グリップで図形を編集する 82
37 曲線上で図形を等間隔に配置する 85
38 マウスで操作する配列複写 87
39 折れ線上に図形を配列複写する 90
40 水平になるように回転 92
41 回転して大きさも合わせる 94
42 図形の重なりと表示 96
43 クイックプロパティで図形修正 98
44 見慣れない単位が表示されているときは 100
45 重なっている線を1つに 102

第7章 ● AutoCADらしい図形ーポリライン、ワイプアウト、ハッチング、ブロック

46 AutoCADで使われる曲線 106
47 ばらばらの線分を1本のポリラインに 110
48 ポリライン、ハッチング境界に頂点を追加 112
49 自動調整ハッチングに変更 114
50 原点指定でつながるハッチング 116
51 透過性を設定する 118
52 ブロックに属性を追加する 120
53 属性をまとめて更新する 123
54 使いやすくなった雲マーク 125

第8章 ● このツールを使ってこそのAutoCAD

55 断面性能を書き出す 128
56 電卓機能でこんなことができる 130
57 足す・引くが自在な面積計算 132
58 図形と連動する面積値 134
59 ツールパレットによく使うブロックを並べる 136
60 ［名前削除］で図面を軽くする 138
61 図面間移動・複写ならクリップボード 141
62 どこが変わったか図面比較 143

第9章 ● 正しい画層の使い方

63 色従属印刷スタイルと画層 146
64 寸法は寸法専用画層に 149
65 黒背景か白背景か？ 150
66 画層ごとに表示してチェックする 153
67 勝手に画層を作らせない 154
68 画層フィルタで表示を最小限に 157
69 一気にByLayerに 159

第10章 ● レイアウトを使って作図しよう

70 まだモデルだけで作図している？ 162
71 レイアウトに異なる縮尺の部分詳細図 165
72 複数レイアウトをまとめて印刷する 167

73	レイアウトからモデルに	169
74	図形を置く空間を変更	171
75	用紙を180度回転して作図	173

第11章 ● ダイナミックブロックを使いこなす

76	ダイナミックブロックのふるまい	176
77	ダイナミックブロックの作り方〜ストレッチ〜	178
78	ダイナミックブロックの作り方〜ルックアップ〜	181
79	ダイナミックブロックの作り方〜反転と回転〜	183
80	ダイナミックブロックの作り方〜配列複写〜	185
81	ダイナミックブロックの作り方〜可視〜	187
82	ダイナミックブロックの作り方〜尺度変更〜	189

第12章 ● シートセットマネージャと外部参照

83	シートセットマネージャでまとめて印刷	192
84	工事名をシートセットマネージャで使う	195
85	シートセットマネージャでビューを使いこなす	197
86	外部参照の使い方	199
87	外部参照をブロック挿入	202
88	外部参照が切れている図面をさがす	203

第13章 ● 他のアプリケーションと連携する

89	AutoCADだけでPDFを作成	206
90	PDFからAutoCAD図形を作成	208
91	ExcelからAutoCADの表へ	211
92	属性をExcelで集計	213
93	Excelで座標計算して作図	216
94	図形データをExcelに	218
95	地図を図面として使う	221
96	RevitでDWGファイルを使う	224
97	ARCHICADでDWGファイルを使う	228
98	Jw_cadで読めるDXFを作成する	231
99	クラウドでAutoCADを使う	232
100	スマートフォンで図面を見る	236

付録ダイナミックブロックの使い方と収録内容 240

第1章

とにかく早く作図する方法

人によってCADの操作スピードが違う。なぜか人より数倍早く図面をかきあげる人がいる。
　コマンドをキーボードから使い、目は作図ウィンドウから離さず、一度使ったコマンドの再利用を上手にして、図形選択して右クリック…などコツはたくさんありそうだ。ここにそのコツの一部を公開しよう。

第1章　とにかく早く作図する方法

01 コマンドはキーボードから

👆 できるCADユーザはやかましい

といってもおしゃべりという意味ではない。キーボードからコマンドを入力するのだ。だからオフィスにはカタカタとキーボードの音が鳴りひびく。

線分を引くときに、リボンの[線分]ボタンのところにカーソルを移動させたりしない。カーソルは線を引きたい始点位置に置いたまま、キーボードから[L]+[スペース]を入力し、そのままマウスで始点をクリックする。こうするとリボンを使う2倍のスピードで作図できる。

一文字コマンドの使い方

[L]+[スペース]もしくは[L]+[Enter]を入力して[線分](LINE)コマンドを実行する仕組みを「コマンドエイリアス」という。エイリアスとは別名という意味だ。AutoCADにはあらかじめたくさんのコマンドエイリアスが登録されている。

もうひとつ、入力の最後に[スペース]もしくは[Enter]を付ける必要のない「ショートカットキー」というのもある。たとえば[F3]キーを押してオブジェクトスナップのオン／オフを切り替えたり、[Ctrl]キーを押しながら[C]のキーで図形をクリップボードへコピーしたりというキーの使い方ができる。

おすすめのコマンドエイリアスとショートカットキー

筆者おすすめのコマンドエイリアスとショートカットキーは以下のとおりだ。これぐらいを覚えてしまえばすばやくコマンドを実行することができる。覚えるまでディスプレイの横にでも貼っておこう。どんなコマンドエイリアスとショートカットキーがあるか知りたい場合は、次ページの方法で一覧表示できる。

● おすすめコマンドエイリアス
（Enter キー、または スペース キーで確定）

コマンドエイリアス	日本語	コマンド
A	円弧	ARC
AR	配列複写	ARRAY
B	ブロック登録	BLOCK
C	円	CIRCLE
CHA	面取り	CHAMFER
CP	複写	COPY
DI	距離計算	DIST
DLI	長さ寸法記入	DIMLINEAR
DT	文字記入	TEXT
E	削除	ERASE
EX	延長	EXTEND
F	フィレット	FILLET
H	ハッチング	HATCH
I	ブロック挿入	INSERT
L	線分	LINE
LA	画層管理	LAYER
M	移動	MOVE
MA	プロパティコピー	MATCHPROP
MI	鏡像	MIRROR
MV	浮動ビューポート管理	MVIEW
MT/T	マルチテキスト	MTEXT
O	オフセット	OFFSET
PE	ポリライン編集	PEDIT
PL	ポリライン	PLINE
PU	名前削除	PURGE
R	再描画	REDRAW
RE	再作図	REGEN
REA	全再作図	REGENALL
REC	長方形	RECTANG
RO	回転	ROTATE
S	ストレッチ	STRETCH
SC	尺度変更	SCALE
TR	トリム	TRIM

コマンドエイリアス	日本語	コマンド
W	ブロック書き出し	WBLOCK
X	分解	EXPLODE
Z	ズーム	ZOOM
DC	デザインセンター	ADCENTER
PR	オブジェクトプロパティ管理	PROPERTIES
TP	ツールパレットを開く	TOOLPALETTES

● おすすめショートカットキー

キー	操作
Ctrl + A	すべて選択
Ctrl + C	コピークリップ
Ctrl + N	新規作成
Ctrl + O	開く
Ctrl + P	印刷
Ctrl + S	上書き保存
Ctrl + V	貼り付け
Ctrl + X	切り取り
Ctrl + Z	元に戻す
F3	オブジェクトスナップモードを切り替え

第1章 とにかく早く作図する方法

コマンドエイリアスの一覧の表示

AutoCADに登録されているコマンドエイリアスの一覧を見てみよう。

1 リボンの［管理］タブ－［カスタマイズ］パネルの［エイリアスを編集］をクリックする。

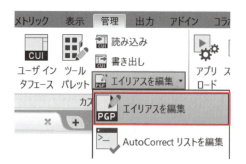

2 acad.pgpというファイルがメモ帳で表示される。これがコマンドエイリアスの一覧だ。コマンドエイリアスとコマンド名が並ぶ。

> **Version**
> AutoCAD LTでは、acad.pgpではなくacadlt.pgpという名前のファイルが表示される。

ショートカットキーの一覧の表示

ショートカットキーは、「ユーザインタフェースをカスタマイズ」ダイアログボックスで一覧を確認できる。

1 リボンの［管理］タブ－［カスタマイズ］パネルの［ユーザインタフェース］をクリックする。

2 「ユーザインタフェースをカスタマイズ」ダイアログボックスが表示される。左上の領域で「キーボードショートカット」－「ショートカットキー」を選ぶと右側にショートカットの一覧が表示される。

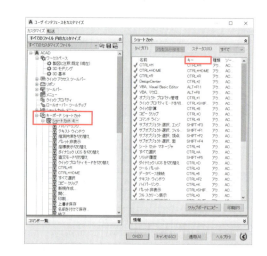

> **HINT**
> 「キー」の列タイトルをクリックすると昇順／降順が切り替わる。コマンドの実行ではなく設定の変更などは「キーボードショートカット」－「一時優先キー」の中で定義されている。

02 コマンドのスペルは覚えなくても大丈夫

オートコンプリートとは

重複した図形を削除する［重複オブジェクトを削除］(OVERKILL)コマンドというのがある。便利なコマンドだが、たまにしか使わないのでコマンド名を忘れることが多い。もし「OVER」あたりまで覚えていれば、キーボードから「OVER」と入力すると、あとはAutoCADが補って「OVERKILL」と表示してくれる。コマンドの最初の数文字を入力すれば、入力候補リストが表示されるので、フルスペルを入力することなくコマンドを実行できる。この機能を「AutoComplete(オートコンプリート)」という。

コマンドの一部を入力する

キーボードから何文字か入力するとその文字を含むコマンド名が候補として表示される。この機能はコマンドのほかシステム変数やブロック、画層などにも使える。ブロック名と画層名はコマンドウィンドウでの入力時のみ有効だ。

「TYPE」と入力すると「DDLTYPE」など一部に「TYPE」を含むコマンドもリストアップされる。アイコンが付いているのはシステム変数

ブロック名の表示結果。ブロックを選択すると、そのブロックが図面に挿入される

オートコンプリートの詳細設定

［検索オプションを入力］(INPUTSEARCHOPTIONS) コマンドで表示される「入力検索オプション」ダイアログボックスでオートコンプリートの詳細設定ができる。

Version
これは2012バージョン以降の機能だ。2006～2011にも文字入力後に Tab キーを押して入力候補を順に表示する「オートコンプリート」機能がある。

03 カーソル位置にコマンド表示

👆 ダイナミック入力で迷わない！

筆者は講習で「入力したコマンドとAutoCADからの応答（プロンプト）から目を離さないように」と教えている。「オブジェクトを選択：」とプロンプトが表示されているのに、キーボードから数値を入力して、思ったとおりに動かないという失敗はAutoCADからの応答を見ていないときにおこる。

そこで役に立つのが、入力したコマンドとAutoCADからのプロンプトをカーソル位置に表示する「ダイナミック入力」という機能だ。

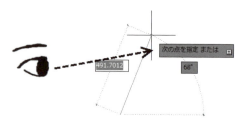

線分を作図するときのダイナミック入力の表示例

ダイナミック入力を有効にする

ダイナミック入力が有効になっているときは、ステータスバーの［ダイナミック入力］ボタンがオン表示になっている。オン／オフの切り替えはこのボタンをクリックするか、F12キーでおこなう。

HINT
ステータスバーに［ダイナミック入力］ボタンがない時は、右下端の ≡［カスタマイズ］ボタンをクリックし、表示されるメニューの［ダイナミック入力］にチェックを入れる。

何をどのように表示させるか

ダイナミック入力の表示は、カスタマイズできる。ステータスバーの［ダイナミック入力］ボタンの上で右クリックし、［ダイナミック入力の設定］を選ぶ。表示された「作図補助設定」ダイアログボックスの［ダイナミック入力］タブで設定する。

03　カーソル位置にコマンド表示

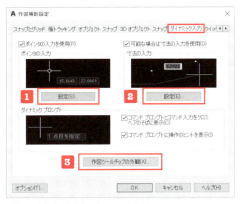

「作図補助設定」ダイアログボックス

1 「ポインタの入力」欄にある［設定］ボタンは座標値の入力を相対座標（既定値）でおこなうか、絶対座標でおこなうかを決める。

HINT
ダイナミック入力の登場以前は、頭に何も付けないで絶対座標、＠（アット）付きで相対座標と区別していた。

2 「寸法の入力」欄にある［設定］ボタンでは寸法値を入力できるフィールドの数を設定できる。

「一度に表示される寸法入力フィールドは2つ」に設定したときの線分変更画面
（長さの寸法入力フィールドが全長と差分の2つ）

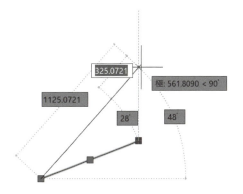

「次の寸法入力フィールドを同時に表示」ですべてにチェックしたときの線分変更画面
（長さの寸法入力フィールドが全長と差分の2つと角度が2つの計4つ。少しややこしすぎる）

3 ［作図ツールチップの外観］ボタンではツールチップの色や透過性を設定できる。

15

04 コマンド履歴の使いこなし

コマンド履歴で図形がかける

図形をかく、移動する、オフセットする、寸法を記入する、というような操作を1つのセットにして何度も実行することがCADオペレーションには多い。そんなときに使えるのが「コマンド履歴（コマンドヒストリ）」だ。

コマンド履歴はどのような操作をおこなったか確認するだけでなく、同じコマンドをもう一度実行したいというときに役に立つ。反復作業の入力を省略できるのだ。

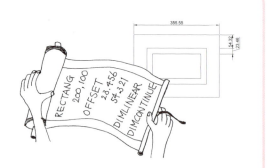

コマンド履歴の表示方法

作図したコマンドの履歴は次の方法で見ることができる。

● 操作履歴をすべて表示

F2 キーを押すと、図のようにコマンドラインもしくはテキストウィンドウに履歴が表示される。

```
直列記入の寸法オブジェクトを選択:
コマンド:
DIMCONTINUE
2 本目の寸法補助線の起点を指定 または [選択(S)/元に戻す(U)] <選択>: *キャンセル*
コマンド:
コマンド:
コマンド: _dimlinear
1 本目の寸法補助線の起点を指定 または <オブジェクトを選択>:
寸法記入するオブジェクトを選択:
寸法線の位置を指定 または [マルチ テキスト(M)/寸法値(T)/寸法値角度(A)/水平(H)/垂直(V)/回転(R)]:
寸法値: 800
コマンド: DIMLINEAR
1 本目の寸法補助線の起点を指定 または <オブジェクトを選択>:
2 本目の寸法補助線の起点を指定:
寸法線の位置を指定 または [マルチ テキスト(M)/寸法値(T)/寸法値角度(A)/水平(H)/垂直(V)/回転(R)]:
寸法値: 748.98
コマンド: DCO
DIMCONTINUE
2 本目の寸法補助線の起点を指定 または [選択(S)/元に戻す(U)] <選択>:
```

04 コマンド履歴の使いこなし

● 最近使用したコマンドだけを表示

　コマンドライン左端にあるアイコンをクリックすると「最近使用したコマンド」の履歴が表示される。コマンドを実行していない状態で上向きの矢印キー ↑ を押すと、これまで使ったコマンドがコマンドウィンドウもしくはカーソル位置に次々と入れ替わって表示される。

コマンド履歴で作図する

　矢印キーでコマンド履歴を呼び出し、下図を作成したコマンドを再利用して寸法ちがいの似た図形を作図する。

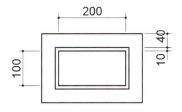

1 上向きの矢印キー ↑ を数回押すと「RECTANG」（[長方形]コマンド）と表示されるので、Enter キーを押す。

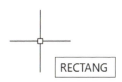

2 元図は[長方形]コマンドのパラメータとして相対座標「200，100」を使ったが、この入力は残念ながらAutoCADは覚えていない。キーボードからもう一度「200，100」と入力するしかない。

HINT
過去に入力された座標は相対座標でなく絶対座標値として記録されているので、再使用がむずかしい。絶対座標値なら上向きの矢印キー ↑ を押すことで次々と切り替わる。絶対座標の位置は図のようなオレンジ色のマーカーで画面に表示される。

3 元の図で入力した[オフセット]（OFFSET）コマンドの値も上向きの矢印キー ↑ を数回押して呼び出す。次のオフセット値「40」も同じく上向きの矢印キー ↑ で呼び出すことができる。さらにいったん表示させておけば、左向き矢印キー ← などを使って自由に数値を変更できる。ここではそのまま「40」を利用した。

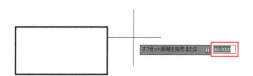

4 あとは矢印キー ↑ を数回押して、目的のコマンドが表示されたら Enter の繰り返しで右の図形を作図できる。同じ値でも、座標値だけは再利用できないが、距離や文字列の入力値は再利用可能だ。

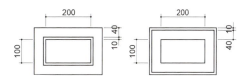

17

05 右クリックメニューで図形を編集する

右クリックでコマンドを選択

リボンやツールバーのどこにどんなコマンドが配置されているか、覚えるのはなかなか大変だ。しかし図形やブロックの編集コマンドについては、リボンやツールバーのコマンドを使わずに図形を編集する方法がある。

それは「右クリックメニュー」だ。図形を選択して、右クリックすると表示されるメニューを利用すると、リボンやツールバーへカーソルを動かすという手間を省いて、図形編集コマンドを実行することができる。

右クリックメニューで表示されるコマンド

右クリックメニューは、「削除」「移動」などのどの図形を選んでも表示される基本となるコマンドと、選択した図形に応じて変わるコマンドで構成される。

たとえばハッチングを選択して右クリックすると、基本メニューに線で囲んだ5個のメニューが追加される。選択された図形によって変わる右クリックメニューは約30種類ある。

図形に応じて変わる右クリックメニュー（図はハッチング選択時）

自分流の右クリックメニューも

AutoCADの右クリックメニューはかんたんに変更することができる。

ここでは挿入されたブロック図形（ブロック参照という）を選択したときに表示される右クリックメニューに、既定では表示されない［ブロック分解］（EXPLODE）コマンドを追加してみよう。

1 ブロック参照を選択して右クリックすると、次のようなメニューが表示される。

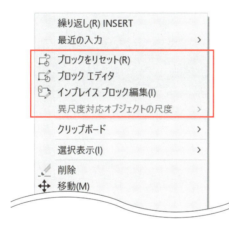

2 リボンの［管理］タブの［カスタマイズ］パネル－［ユーザインタフェース］をクリックする。

3 「ユーザインタフェースをカスタマイズ」ダイアログボックスで左下の「コマンド一覧」にあるテキストボックスに「分解」と入力すると、その下に［分解］コマンドが表示されるので、上の「ショートカットメニュー」－「ブロック参照オブジェクトメニュー」の下までドラッグ＆ドロップする。

HINT
「ブロック参照オブジェクトメニュー」とは、ブロック挿入をしたときに作られる「ブロック参照」という図形を選択したときに表示される右クリックメニューだ。

4 ［OK］ボタンで「ユーザインタフェースをカスタマイズ」ダイアログボックスを閉じる。ブロック参照を選択して右クリックすると、メニューに［分解］が追加されている。

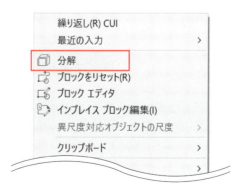

06 クイックアクセスツールバーにコマンドを追加

よく使うコマンドは常に表示

リボンのタブが切り替わっても「クイックアクセスツールバー」は常に表示されている。よく使うボタンやコントロールをここに配置しておくことで、作図効率は格段に向上する。

AutoCADの操作をしていて、このコマンドはよく使うのでいつも表示しておきたいと思えば、その場ですぐクイックアクセスツールバーに配置する。あるいは、このコマンドはめったに使わないと思うコマンドがクイックアクセスツールバーにあれば削除する。そうやって使いやすいAutoCADにしていこう。

画層コントロールをクイックアクセスツールバーに

「画層コントロール」は、図形挿入や文字記入時にもよく使うが、リボンが［挿入］タブや［注釈］タブのときには見えない。この「画層コントロール」もクイックアクセスツールバーにあれば、いつでもかんたんに現在画層の切り替えなどの画層操作ができて便利だ。コマンドやコントロールの追加は右クリックメニューからすぐできる。

1 標準のクイックアクセスツールバーは次の図のとおりだ。

クイックアクセスツールバー

2 リボンで画層コントロールを表示し、その上で右クリックして［クイックアクセスツールバーに追加］を選択する。

3 この操作だけで「画層コントロール」がクイックアクセスツールバーに追加される。

クイックアクセスツールバーからコマンドを削除

　クイックアクセスツールバーからコマンドやコントロールを削除するには、削除するアイコンまたはコントロールの上で右クリックし、表示されたメニューから［クイックアクセスツールバーから除去］を選ぶ。

HINT

クイックアクセスツールバーに対しておこなった変更は「ユーザインタフェースをカスタマイズ」ダイアログボックスで確認できる。
図のようにこれまでなかった「画層コンボコントロール」の項目が「クイックアクセスツールバー1」の下に追加されている。

07 好きなところまで一気に戻れるUNDO

👆 UNDOコマンドとは

「UNDO」は「元に戻す」コマンドのことで、AutoCADでは図面を開いてから現在まで、好きなところの操作まで戻れる。このコマンドがあるので安心して失敗ができる。操作ミスで図形すべてを消してしまっても、Ctrlキーを押しながらZキーで復活する。

Ctrlキーを押しながらZキーは一手順ずつ戻す方法だが、一気に数手順前まで戻りたい場合は、コマンドの一覧を見ながら特定の時点まで戻すこともできる。

またAutoCAD独自の機能として、作図中のあるタイミングでマークしておいて、戻ってそこからやり直すというようなこともできる。

ある時点まで戻るUNDO

クイックアクセスツールバーにある［元に戻す］アイコンの右にある▼をクリックすると、これまで実行したコマンド（英語）がリスト表示される。この中から戻りたいコマンドを選択すれば、そのコマンドの実行時の状態に戻れる。

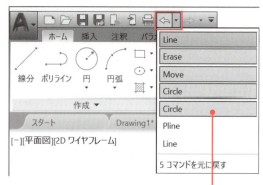

どこまで戻りたいか選択する

あらかじめ戻る時点を決めておくUNDO

　設計の案を何種類か検討するときに、元になる図面からスタートしていくつかの案を作成してみるということがある。そんなときには元になる図面ができあがった時点で「マーク」しておいて、作図が進んだ時点でまたこのマークした時点に戻るという方法を取ることができる。

1 キーボードから「UNDO Enter」と入力するとコマンドラインに次のように表示される。

> 取り消す操作の数を入力 または [自動(A)/コントロール(C)/開始(BE)/終了(E)/マーク(M)/後退(B)] <1>:

2 この時点をマークするという意味の「M Enter」と入力する。

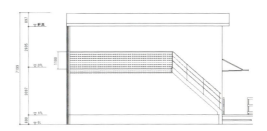

窓の位置と大きさに迷っているので、いったんこの位置でマークしておく

3 このあと作図作業がいくらか進んだ時点で、このマークした時点に戻るにはUNDOの「後退(B)」オプションを使う。キーボードから「UNDO Enter B Enter」と入力すると、マークした時点まで作図作業が戻る。

> 取り消す操作の数を入力 または [自動(A)/コントロール(C)/開始(BE)/終了(E)/マーク(M)/後退(B)] <1>: B

この窓の位置と大きさで検討する　　　　UNDOの「後退(B)」オプションで
　　　　　　　　　　　　　　　　　　マークした位置に戻る

08 このコマンドはリボンのどこにある?

リボンでコマンドが見つけられない!

AutoCADはバージョンによってリボンの配置が進化する。「このコマンドはリボンのどこにあるの?」と知りたい時は、ヘルプから[検索]をクリックする。赤い矢印が動きながら「ここにあるよ」と教えてくれる。

ヘルプからリボンのボタンを探す

目的のコマンドボタンがリボンのどこにあるか確認したい時は、まずそのコマンドのヘルプを表示する。ここでは[重複オブジェクトを削除](OVERKILL)コマンドを例にしてみよう。

1 P.13のオートコンプリートの機能を使って、キーボードから「OVER」と4文字を入力し、「OVERKILL」が選択された状態で F1 キーを押す。

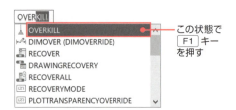

この状態で F1 キーを押す

2 [重複オブジェクトを削除](OVERKILL)コマンドのヘルプが表示される。ヘルプにあるこのコマンドのアイコンの右に表示されている「検索」の文字をクリックする。

3 赤い上下に動くアニメーション矢印が、目的のコマンドボタンを指すように表示される。

HINT
矢印がボタンのないところを指してしまう場合は、もう一度「検索」をクリックすれば、ボタンを指すようになる。

第2章

正確な図面のための
オブジェクトスナップ

きちんと作られていない図面は図面じゃない。設計業務に携わるプロなら誰もが思うことだ。
　線の交点から伸びているべき線がズームしていくと少しずれている。一直線上に並ぶべき柱が少しずれている。同芯であるべき円がそうなっていない。たまにそのような図面に出会うが、設計者の資質が疑われてしまう。
　せっかくCADを使っているので可能なかぎり正確な図面を作成すべきだ。その方法の1つにまずオブジェクトスナップがあげられる。オブジェクトスナップを使えば図面上にすでにある図形を利用して端点、交点、中点などの点を指定することができる。

09 「定常」と「優先」を使い分ける

オブジェクトスナップの「優先」、「定常」とは

オブジェクトスナップはCADの重要な機能だ。オブジェクトスナップを使えば図面上にある図形を利用して端点、交点、中点などの点を指定することができ、正確な図形を作図することができる。定常オブジェクトスナップとは、作図中のいつでもオブジェクトスナップが自動的に使える設定だ。一方、優先（一時）オブジェクトスナップというのは、使いたいときに Shift キーと右クリックの組み合わせによって、そのとき使うオブジェクトスナップを選択する方法だ。

両方をうまく組み合わせて作図することで作図効率が向上する。

定常オブジェクトスナップの設定

定常オブジェクトスナップは「作図補助設定」ダイアログボックスで設定する。

筆者のおすすめオブジェクトスナップの設定は **2** の図のとおりだ。たとえば、端点を指示したいのに、別の位置の挿入基点が優先されてしまうと使いにくい。このため、ふだんあまり使わない「挿入基点」などのオブジェクトスナップは優先オブジェクトスナップとして指定するようにし、あえて定常オブジェクトスナップでは設定しないという条件で選んでいる。

1 ステータスバーの［オブジェクトスナップ］ボタンの上で右クリックし、［オブジェクトスナップ設定］を選ぶ。

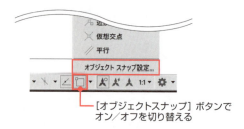

［オブジェクトスナップ］ボタンでオン／オフを切り替える

2 「作図補助設定」ダイアログボックスの［オブジェクトスナップ］タブで「端点」、「中心」、「交点」、「延長」にチェックを入れ、［OK］ボタンでダイアログボックスを閉じる。

09 「定常」と「優先」を使い分ける

HINT
図形の交点と端点、円の中心が近い位置にあるとき、目的のオブジェクトスナップが表示されないことがある。そんなときは Tab キーを押すことで次々とオブジェクトスナップ点を切り替えることができる。
どのオブジェクトスナップが有効になっているかは×(交点)、□(端点)、○(中心)といったマーカーの形状と、文字で表示されるツールチップによって判断できる。

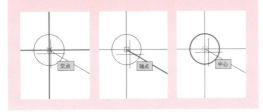

優先オブジェクトスナップの使い方

優先（一時）オブジェクトスナップとは、その時限り有効なオブジェクトスナップだ。たとえば、上の図で設定していない「垂線」を引く点を指定したい場合は Shift キーを押しながら右クリックでメニューを表示させ、[垂線] を選ぶ。

2点間中点

優先オブジェクトスナップだけで使えるオブジェクトスナップに「2点間中点」がある。図形がない位置でも、任意の2点の間の中点を指示することができ、Z座標を含む3次元にも対応している。2点間中点は次のように指示する。

1 [線分]（LINE）コマンド実行後、キーボードから「M2P Enter 」と入力する

HINT
「2点間中点」は Shift キーを押しながら右クリックでメニューを表示させ、[2点間中点] を選んでも指定できる。すべての優先オブジェクトスナップに Shift キーを押しながら右クリックする方法とキーボードから入力する方法が用意されている。

2 「中点の1点目:」のプロンプトに対して1の点、「中点の2点目：」で2の点を指定する。

3 1-2の中点、3の位置から線を作図できる。

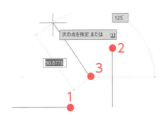

27

10 補助線を使わないで作図(1) 〜延長上の交点の指定〜

補助線は必要か

複雑な形状の図を作図するのに、たくさんの補助線を引いて、その一部をなぞって作図する方法がある。これは、補助線を作図するという作業ステップが増えるだけのまったく無駄な作図方法だ。

直接距離入力や相対座標入力、極トラッキング、オブジェクトスナップトラッキング、延長のオブジェクトスナップなどを使えば補助線なしですばやく作図できる。ここでは、2本の線の延長線上にある交点をオブジェクトスナップで指定する。

「仮想交点」を優先オブジェクトスナップで使う

優先(一時)オブジェクトスナップで「仮想交点」を使えば、2線を指示するだけで図の2本線の延長線上にある交点を指定できる。さらに2本の線の高さ(Z値)がちがっていて交差しない場合も見かけ上の交点を指定できる。

1 [線分](LINE)コマンドを実行する。「1点目を指定:」のプロンプトに対して、Shiftキーを押しながら右クリックで優先オブジェクトスナップのメニューを表示させ、[仮想交点]を選ぶ。

10　補助線を使わないで作図（1）〜延長上の交点の指定〜

2　「1点目を指定：どこの」に対して下のほうの線分上でクリックする。このときのマウスカーソルの形が図のようになり、「延長仮想交点」のツールチップが表示されていることに注意する。

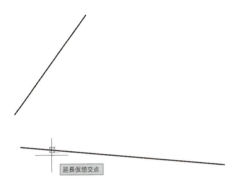

3　「1点目を指定：どこの　と」に対して上のほうの線にカーソルを重ねる（マウスのボタンはクリックしない）と、図の交点1の位置に×のマーカーが表示される。

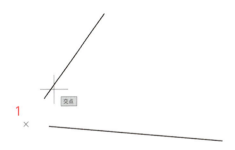

4　ここでいいという意味でマウスのボタンをクリックしてこの位置を指定する。

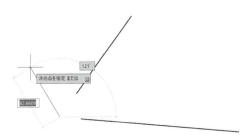

「延長」オブジェクトスナップを使った仮想交点

「延長」オブジェクトスナップでも仮想交点を指定できる。

1　ステータスバーの［オブジェクトスナップ］ボタン上で右クリックして［オブジェクトスナップ設定］を選び、「作図補助設定」ダイアログボックスの［オブジェクトスナップ］タブで「延長」のチェックを確認する。

2　［線分］（LINE）コマンドを実行後、マウスボタンをクリックしないまま、図の端点1、2の順でカーソルを重ね、延長点になりそうな3のあたりにカーソルを移動し×が表示されるのを待つ。それぞれの位置にマーカーが表示されるまでほんの少し待つのがコツだ。

3　延長交点が表示されるので、×印のマーカーを確認してクリックする。2線の延長交点が線の始点となる。

11 補助線を使わないで作図（2）
～基点設定とトラッキング～

👆 数値入力で作図する

「基点設定（FROM）」という優先オブジェクトスナップを使えば、図形のない位置を指定することができる。「基点設定」は図形上のある位置からX、Yの相対座標で離れた位置を指定できる。「オブジェクトスナップトラッキング」はある位置から一定方向に離れた位置を指定する。いずれも図形の何もない位置で、数字で表現できる位置を正確に指定する機能だ。

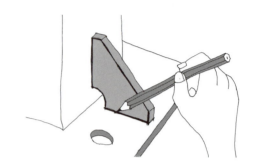

たとえば柱の足元などで使われる、直角三角形状のリブプレートの作図も補助線を多用したくなる図形だ。全体の大きさ、立ち上がり部分、スカラップ、すべてに補助線を引かないと一筆書き作図できないという初心者は多いだろう。これも「基点設定（FROM）」とオブジェクトスナップトラッキングを使うことで、補助線なしですばやく作図することができる。

🔵 直角三角形状のリブプレートの作図

垂直線と水平線があるところに下図の三角リブプレートを作図する。

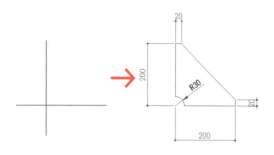

1 長さ170の垂直線から始める。「極トラッキング」をオンにして「直交モード」はオフにして使わないようにする。「オブジェクトスナップトラッキング」もオンにしておく。

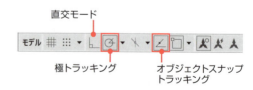

11 補助線を使わないで作図（2）〜基点設定とトラッキング〜

> **HINT**
> 極トラッキングとは、設定された角度の方向に破線のトラッキングパスが表示され、その方向への作図がかんたんにできる機能だ。たとえば極角度の増分を30度に設定しておくと、0度、30度、60度、90度方向への作図が設定される。

2 [ポリライン](PLINE)コマンドを実行して「始点を指定：」に対して、交点1にカーソルを重ね（マウスのボタンはクリックしない）×マーカーが表示されているのを確認する。

3 上にカーソルを動かすと、破線の位置合わせパスが表示される。キーボードから長さ「30 Enter」を入力する。これで交点1から上に「30」離れた点2からポリラインが開始される。これが「オブジェクトスナップトラッキング」を使った直接距離入力だ。

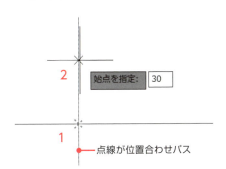

4 カーソルを上に動かし、垂直方向の位置合わせパスを確認してキーボードから「170 Enter」と入力し、垂直方向の線を作図する。続けて右方向にカーソルを動かし、「20 Enter」と入力する。

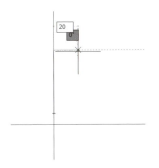

5 次の点は交点1から水平（X）方向に200、垂直（Y）方向に20離れた、図形のない位置だ。ここで「基点設定（FROM）」という優先オブジェクトスナップを使う。[Shift]キーを押しながら右クリックし、[基点設定]を選ぶ。

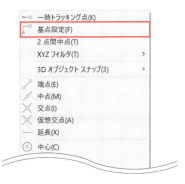

6 「基点:」のプロンプトに対して交点1でクリックする。

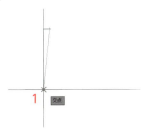

7 次に目的の点を交点1からの相対座標で指定するために、キーボードから「200，20 Enter」と入力する。斜めの線が作図される。

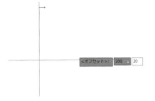

8 直接距離入力を使って、下に20、左に170の線を追加する。

9 スカラップの円弧部分を作図する。「A Enter」で「円弧」オプションに切り替えてから、「CE Enter」で「円弧の中心点を指定：」に対して交点1をクリック、円弧の終点としてポリラインの始点の点2をクリックする。

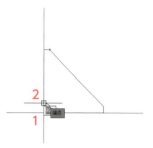

10 図のような一筆書きのポリラインによるリブプレートが作図された。

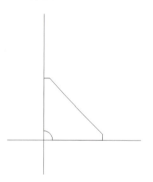

90度でない場合は

先の例では直角三角形状のリブプレートだったが、これが角度のついた図のようなリブプレートの場合は工夫が必要だ。設定によっては図の長さ20の線がかけない。このような場合、極トラッキングの設定を変更して作図する。

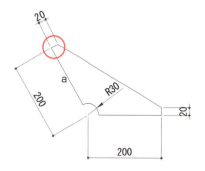

1 ステータスバーの［極トラッキング］ボタンの上で右クリックし、［トラッキングの設定］を選ぶ。

2 「作図補助設定」ダイアログボックスの［極トラッキング］タブで「極角度の計測方法」として「最後のセグメントに対する相対角度」のほうにチェックを入れる。
こうすれば、最後の線分aからの相対角度で、極トラッキングが作用する。前掲の図形も、水平・垂直でない傾いた線からの垂線がかけるのでかんたんに作図できる。

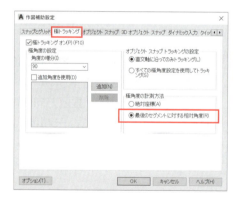

HINT
ここでの「最後のセグメント」とは、これからかく線の直前にかいた線という意味だ。左のリブプレートの場合、aの線が「最後のセグメント」で、次に引く線はこのaの線からの垂線とすることができる。

12 「点」オブジェクトスナップはどう使う？

「点」オブジェクトスナップの使いみち

「点」オブジェクトスナップには使いみちがないと思われていないだろうか？　寸法の起点には「点」図形が配置されるので、この寸法の起点を使って作図するときには「点」オブジェクトスナップが使える。

さらに、「点」図形をうまく配置することで「点」オブジェクトスナップが使えるようになる。長方形は円と違って中心を指示するオブジェクトスナップがないので、その位置をマウスで指定しにくいが、点を置いておけばかんたんに「点」オブジェクトスナップで指定することができる。

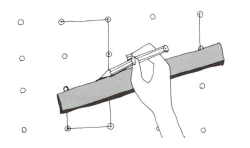

断面の中心（重心）から線を引く

たとえばブロックを作成するときには、基点になる位置にあらかじめ点を配置しておく。

右のH形鋼の断面図は中心（図心、重心）に配置した「点」図形とともに1つのブロックにしてある。

この「点」図形はDefpoints画層に置かれているので印刷しても表示されない。

形鋼の断面の中心から線を引くときなどは、「点」オブジェクトスナップを使ってこの「点」を拾うことができる。回転の中心や移動の基点、目的点などにこの「点」を使うことができる。

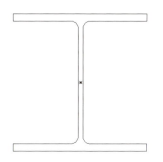

HINT
「点」図形を図面に置くには［複数点］（POINT）コマンドを使用する。

配線図の結線に使う

次の電気配線用部品のプルボックスと蛍光灯にも、Defpoints画層に「点」図形がいくつか置かれている。

これらの点は配線図を作図するときに、結線する点として作図するために複数配置されている。この点を「点」オブジェクトスナップで参照すると、配線を示すポリラインがはみ出したりすることなく、きれいに正確に作図することができる。

 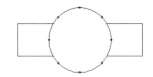

＊これらの「点」図形をブロック内に配置した形鋼や電気配線部品は本書付録CD-ROMにおさめられている。

寸法の基点を読み取る

寸法の基点を利用して作図する場合にも、「点」オブジェクトスナップが使える。AutoCADでは寸法基点には必ずDefpoints画層に「点」図形を置くというルールになっているからだ。

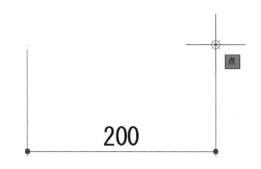

13 ダイレクトに図心にスナップ

図芯の指定が超かんたんに！

手計算だと意外に面倒な計算が必要なのが図心、重心位置だ。AutoCADだとそれがかんたんにできる。閉図形の図心、重心位置の求め方は「55. 断面性能を書き出す」（P.128）で解説しているが、ここではもっとかんたんな図心の求め方を紹介する。

AutoCAD 2016から「図心」オブジェクトスナップが追加された。このオブジェクトスナップを使えば、図心（重心）は1ステップで表示させることができる。

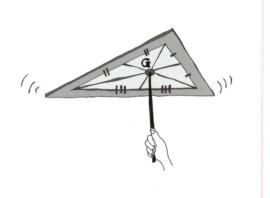

図心を指定して作図する

次のポリラインのサンプル図形の図心（重心）は［マスプロパティ］（MASSPROP）コマンドで表示させる（P.128「55. 断面性能を書き出す」参照）と次のような値になった。AutoCAD 2016から「図心」オブジェクトスナップを使えるようになったので、かんたんな操作で図心（重心）を指定することができる。

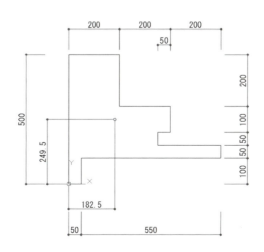

図心：
X: 182.54717
Y: 249.52830

第2章　正確な図面のためのオブジェクトスナップ

1️⃣ 前ページの図形の図心に円を作図する。[円] (CIRCLE) コマンドを実行する。

2️⃣ 「円の中心点を指定：」に対して Shift キーを押しながら右クリックして、オブジェクトスナップのメニューを表示し、[図心] を選択する。

4️⃣ 半径を入力して図心位置に円を作図する。

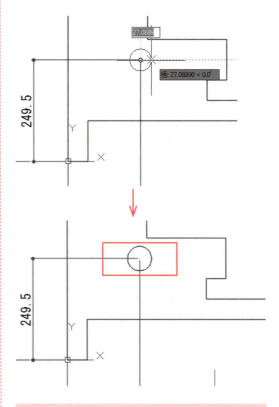

Version
これは2016バージョン以降に対応。

3️⃣ ポリラインにカーソルを重ね、図心位置に図のマークが表示されたらクリックする。

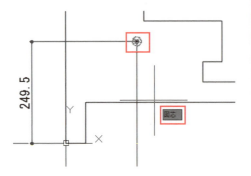

HINT
「図心」オブジェクトスナップは閉じた図形すべてで使えるのではない。円や楕円、線分で作られた図形では図心を得ることができない。ポリラインとスプラインでできた閉じた図形のみが対象になる。[長方形] (RECTANG) コマンドで作られた長方形と [多角形] (POLYGON) コマンドで作られた多角形は、ポリラインで構成されているので「図心」オブジェクトスナップを使うことができる。

第**3**章

図形の選択、図形の表示

　図面上の図形を変更しようとするときに、必ず図形を選択しないといけない。AutoCADでは図形を選択してからコマンドという方法でも、コマンドを実行しておいてから図形を選択でも、両方の手順で作業できるが、図形の選択は必要だ。

　効率的な作業にはわかりやすい表示も必須だ。重なりあった図形や寸法の図面では間違いを招く。印刷したときのイメージがわかりにくい図面では何度もテスト印刷するハメになる。

　図形選択と表示のコツを考えてみよう。

14 選択循環で重なった図形から目的の図形を選ぶ

選択循環とは

近い位置に置かれた図形や、寸法と図形が重なっている図面では、特定の図形を選択しようとしてもなかなかうまくいかないことがある。そんなときに使うのが「選択循環」だ。重なっている図形上で選択循環をおこなうと、目的の図形だけをかんたんに選択できる。

選択循環には [Shift] + [スペース] キーを使う方法とステータスバーの「選択の循環」をオンにしておく方法の２つがある。

[Shift] + [スペース] キーで選択循環

重なった図形上で [Shift] + [スペース] キーを押すと、各図形がハイライト表示で切り替わる。次の図は線分、ポリライン、引出線、マルチ引出線、寸法の５種類の図形が１箇所に重なっている。この中から目的の図形（ここでは寸法図形）を選択する。

1 [移動]（MOVE）コマンドを実行して、図形を選択する例で説明する。カーソルを図形に重ねると引出線がハイライトしている。

2 引出線は目的の図形でないので、[Shift] + [スペース] キーを押すと、他の図形がハイライトする。

3 **2** の操作を繰り返し、目的の寸法図形がハイライトした時点でマウスのボタンをクリックする。

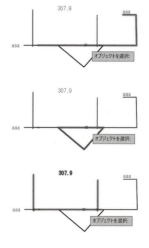

Version
キーによる選択循環はAutoCAD（LT）2007以降で使える。2006以前では [Ctrl] キーを押しながらクリックする。

ステータスバーの「選択の循環」

　この方法を使えば、一度の操作で目的の図形を選択することができる。

Version
この機能は2011以降のバージョンで使える。

1 ステータスバーの［選択の循環］ボタンをクリックしてオンにするか、[Ctrl]＋[W]キーで「選択の循環」機能をオンにする。

HINT
ステータスバーに［選択の循環］ボタンがない時は、P.14のHint参照。

2「選択の循環」がオンの状態で［移動］（MOVE）コマンドを実行して、複数の図形が重なった上にカーソルを持っていくと、のアイコンがカーソル位置に表示される。

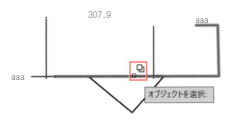

3 この状態でマウスのボタンをクリックすると、重なった図形のリストが表示されるので目的の図形を選ぶ。

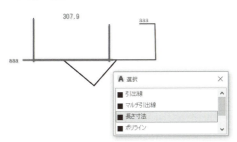

4 選んだ図形が選択状態になり、リストが閉じる。

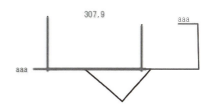

「選択の循環」の設定

　「選択の循環」機能の設定をおこなうには、ステータスバーの［選択の循環］ボタンを右クリックして［選択の循環の設定］を選択する。

　表示された「作図補助設定」ダイアログボックスの［選択の循環］タブで次のような設定ができる。

- 選択の循環を許可
  →選択の循環機能を使うかどうか
- 選択循環リストボックスを表示
  →リストボックスを使うかどうか
- カーソルに準じる
  →カーソル位置にリストを表示する
- 四半円点→カーソルのどちら側に表示するか
- 距離（ピクセル単位）
  →どのくらい離れた位置に表示するか
- 固定→同じ位置にリストを表示
- タイトルバーを表示
  →リストのタイトルを表示するか

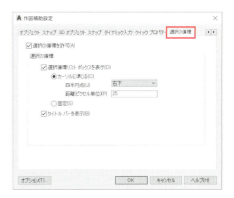

15 図形の再選択オプション

効率的な選択のためのオプション

目的の図形をサッと選択して次の動作に移るのがAutoCADオペレーションの基本だ。ここでは、効率的な選択に使える「直前に選択した図形をもう一度選択」や「最後に作図した図形を選択」を紹介する。これらは「オブジェクトを選択：」のプロンプトに対するオプションになっている。

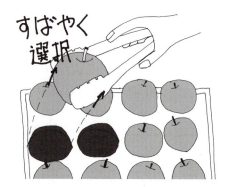

直前に選択した図形をもう一度選択

直前に選択した図形をもう一度選択するときは「P」の選択オプションを使う。「P」は「直前」を意味するPreviousの頭文字だ。図の上にある図形を下の図形の真ん中あたりに移動し、そのあとに回転する操作を例にとって説明しよう。

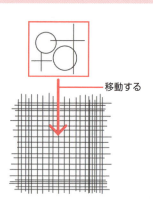

移動する

1 ［移動］（MOVE）コマンドを実行して、上の図形を選択、下に移動する。

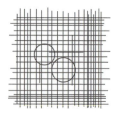

2 移動した図形を今度は回転する。重なりあった図形群の中から、先ほどの図形をもう一度選択するのはむずかしいが、ここで選択オプションの「P」が使える。
[回転]（ROTATE）コマンドを実行して、「オブジェクトを選択：」のプロンプトに対してキーボードから「P Enter」と入力する。

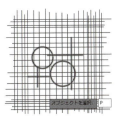

3 直前に選択した図形がもう一度選択され、回転の対象図形となる。

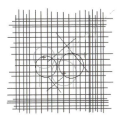

最後に作図した図形を選択

最後に作図した図形を選択する「L」も使える選択オプションだ。「L」はLastの頭文字だ。

1 [長方形]（RECTANG）コマンドで長方形を作図する。

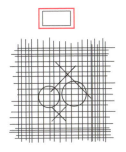

2 その後、下の図形の移動や削除などの編集作業をおこなう。

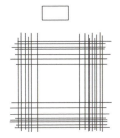

3 [移動]（MOVE）コマンドを実行し、「オブジェクトを選択：」のプロンプトに対してキーボードから「L Enter」と入力する。長方形の作図後におこなった編集作業とは無関係に、最後に「作図」した長方形が選択される。

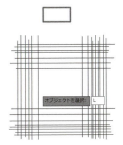

HINT
キーボードから「SELECT Enter」と入力すると「オブジェクトを選択：」と表示される。そこで「? Enter」と入力すると、図のようなオプションが表示されるので、キーボードからこれらのオプションを入力し、目的の図形を選択することができる。

> 点を指定 または 窓(W)/最後(L)/交差(C)/ボックス(BOX)/すべて(ALL)/フェンス(F)/ポリゴン窓(WP)/ポリゴン交差(CP)/グループ(G)/追加モード(A)/除外(R)/一括モード(M)/直前(P)/元に戻す(U)/自動モード(AU)/単一モード(SI)/サブオブジェクト(SU)/オブジェクト(O)

「オブジェクトを選択」のオプション

16 条件に合った図形だけを選択

条件をつけた図形選択の方法は2種類ある

たとえば「0」画層に作図された、幅「0」で「閉じた」ポリラインのみを選択するとする。AutoCADではこのような条件をつけた選択が可能だ。

条件による選択は2つの方法があり、かんたんなのは[クイック選択]（QSELECT）で、もうひとつは[オブジェクト選択フィルタ]（FILTER）だ。それぞれに一長一短があるので使い分けたい。

クイック選択による条件選択

[クイック選択]（QSELECT）はコマンドとしても実行できるが、選択図形のプロパティを確認しながら実行することが多いので、プロパティパレットから実行する方法がわかりやすい。リボンでは[ホーム]タブの[ユーティリティ]パネルから実行できる。

1 プロパティパレットを表示し、右上の[クイック選択]アイコンをクリックする。

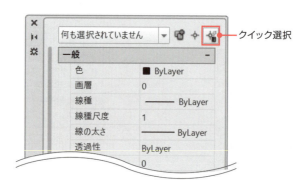

2 「クイック選択」ダイアログボックスが表示される。ここで画層や図形の種類などの選択条件を設定していく。
最初の条件は「図面全体」から「0」画層の「ポリライン」だ。「クイック選択」ダイアログボックスで「オブジェクトタイプ」を「ポリライン」に、「プロパティ」を「画層」、「演算子」を「=」、「値」を「0」、「適用方法」は「新しい選択セットに含める」と設定する。

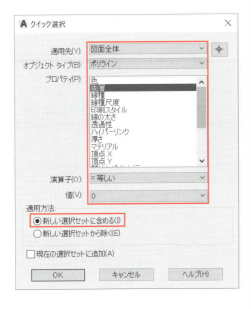

3 [OK]ボタンで図面上の「0」画層の「ポリライン」すべてがハイライト表示され選択状態になる。

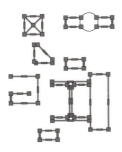

4 これらのポリラインに「閉じた」ポリラインという条件を追加する。ポリラインが選択された状態のまま、「クイック選択」ダイアログボックスを表示させる。
ポリラインのプロパティが「閉じている」、値が「いいえ」という条件にマッチした図形を「新しい選択セットから除く」とする（「含める」から「除く」に変更）。

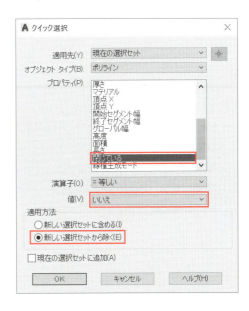

5 これで「閉じた」ポリラインだけが選択された。

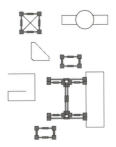

> **HINT**
> ここでは「閉じている」が「いいえ」の図形を「新しい選択セットから除く」とした。「閉じている」が「はい」の図形を「新しい選択セットから除く」とすると **5** で選択されている図形が非選択に、現在非選択の図形が選択状態となる。

オブジェクト選択フィルタ

もうひとつの方法、[オブジェクト選択フィルタ]（FILTER）を使うと選択条件を保存できるため、毎回条件を設定する手間が省ける。ただしポリラインの幅を限定したり、「閉じている」条件をつけるなど、「クイック選択」のように細かく条件を指定することはできない。

例として、図面上のポリラインと円を[オブジェクト選択フィルタ]（FILTER）コマンドを使って選択してみる。

1 キーボードから「FILTER Enter」と入力して「オブジェクト選択フィルタ」ダイアログボックスを表示させる。
「選択フィルタ」で「円」を選択し、[リストに追加]ボタンで上部のリスト欄に「円」の選択条件を追加する。

2 同様に「ポリライン」の選択条件も追加する。

3 この状態では通常何も選択されない。それは「円」でありかつ「ポリライン」という「AND」条件が既定値だからだ。「円」もしくは「ポリライン」という「OR」条件に変更する必要がある。「選択フィルタ」に「** OR 開始」と「** OR 終了」という項目があるので、これらを選んでリストの上下に追加し、「円」と「ポリライン」の選択条件を囲むようにする。

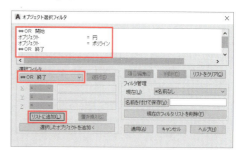

> **HINT**
> 「** OR 開始」は、リスト欄で円の選択条件を選択したままリストに追加すると、一番上の行に配置できる。

4 [適用]ボタンでダイアログボックスを閉じ、図面上で範囲選択してみる。「円」と「ポリライン」が選択される。

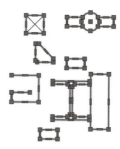

> **HINT**
> この選択リストのフィルタに「名前を付けて保存」することもできる。「オブジェクト選択フィルタ」ダイアログボックスの[名前を付けて保存]ボタン右側に名前を入力し、[名前を付けて保存]ボタンをクリックする。呼び出すときは「現在」でフィルタ名を選択する。この選択リストの内容は、AutoCADのサポートフォルダにFILTER.NFLという名前で作られる。

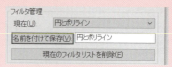

17 投げ縄で自由に選択

自由形状の選択が可能に

複数の図形を選択するのに四角形で囲むこれまでの選択方法では、窓選択で大きく選択して Shift キーを押しながら不要な部分を選択解除、あるいは何度も選択操作を繰り返すなどしていた。AutoCAD 2015 からの機能「投げ縄選択」を使えば、四角形でない自由形状の範囲を指定して、離れている複数の図形や重なりあった図形から目的の図形を一度の操作で選択できる。「投げ縄選択」は特別なコマンドを実行する必要はなく、図形のないところでマウスボタンを押したままドラッグ操作をするだけで実行できる。

投げ縄で窓選択

右の図の太線で作図されている3つの建物とその内側の図形を、投げ縄を使って窓選択してみよう。離れた位置にある図形なので、AutoCAD 2015 以前なら窓選択を3回繰り返すか、大きく窓選択しておいて含まれてしまった不要な図形を選択解除する必要がある。

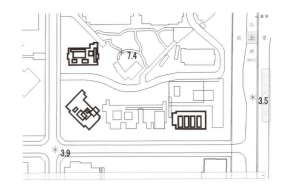

Version
以降の操作はすべて2015バージョン以降に対応。

1. 図形の何もないところにカーソルを置いてクリックする。
2. マウスボタンを押したまま、左から右に目的の3つの建物を囲むようにカーソルを動かす。
3. 3つの建物がハイライト表示されたらマウスボタンを離す。3つの建物が選択される。

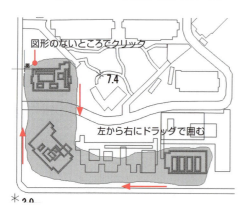

投げ縄で交差選択

次は右上にある太線の3つの建物とその内側の図形を投げ縄で交差選択してみよう。選択不要な図形が間に入り込んでいるので、これまでの窓選択と交差選択では一度で選択するのがむずかしい。

1. 図形の何もないところにカーソルを置いてクリックする。
2. マウスボタンを押したまま右から左に目的の3つの建物に少しでもかかるようにカーソルを動かす。
3. 3つの建物がハイライト表示されたらマウスボタンを離す。3つの建物が選択される。

HINT
左から右の窓選択でも、右から左の交差選択でも、マウスを動かしている途中で スペース キーを押すと、交差選択→窓選択→フェンス選択→交差選択・・・と切り替わる。

投げ縄を使いたくないときは

従来の窓選択と交差選択で充分だ、投げ縄になるのは煩わしいという人もいるだろう。投げ縄を使いたくないときは「オプション」ダイアログボックスの［選択］タブにある「投げ縄のクリックドラッグを許可」のチェックを外す。

18 選択した図形だけを表示する

選択した図形のみ表示／非表示

特定の図形だけを表示させたいことがある。たとえば建築平面図でいえば、特定の通芯上にある柱や壁のみを表示し、他の図形は非表示にして作業したいという場合だ。

画層の使い分けだけでは対処できない、このような場合「オブジェクトを選択表示」が使える。この逆の機能として、選択したオブジェクトを非表示にする機能もある。この機能は2次元でも3次元でも使える。

オブジェクトを選択表示

選択した図形を表示して、選択されていない他の図形すべてを非表示にするには、ステータスバーにある［オブジェクトを選択表示］ボタンを使う。実行されるのは［オブジェクト選択表示］（ISOLATEOBJECTS）コマンドだ。

1 表示したい図形を選択し、ステータスバーの［オブジェクトを選択表示］ボタンをクリックする。［オブジェクトを選択表示］と［オブジェクトを非表示］という項目を含むメニューが表示されるので、［オブジェクトを選択表示］を選択する。

Version
［オブジェクト選択表示］（ISOLATEOBJECTS）コマンドは2011以降のバージョンで使える。

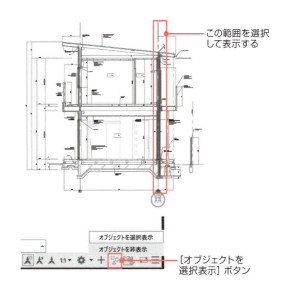

第3章 図形の選択、図形の表示

1 非表示にする図形（ここでは室内の寸法や文字）を選択する。

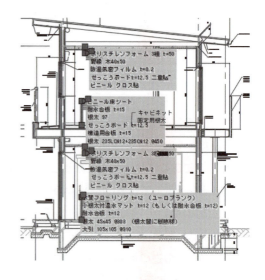

2 選択表示が実行され、図の[オブジェクトを選択表示]ボタンの丸のマークが現在選択表示中であることを示す青色に変わる。

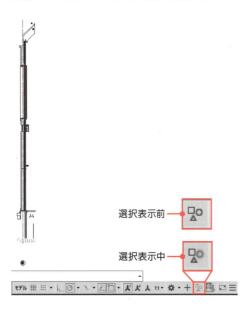

2 ステータスバーの[オブジェクトを選択表示]ボタンを右クリックし、[オブジェクトを非表示]を選択する。

3 選択した図形が非表示になる。

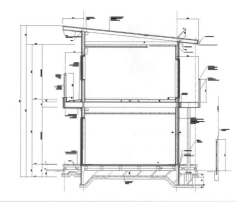

選択表示を終了する

選択表示中の[オブジェクトを選択表示]ボタンをクリックし、[オブジェクトの選択表示を終了]を選ぶ。[オブジェクト選択表示終了]（UNISOLATEOBJECTS）コマンドが実行され、すべての図形が表示される。

選択オブジェクトを非表示

選択した図形を表示するのと逆に、選択した図形を非表示にする［オブジェクト非表示］（HIDEOBJECTS）コマンドもある。

Caution
一部の図形が非表示になっていることに気づかずに、作図・編集作業をおこなってしまうのは危険だ。このようなことを防ぐために、一部の図形のみが表示された状態でファイルを保存しても、ファイルを開き直した時点でその設定はキャンセルされすべての図形が表示されるようになっている。

第**4**章

寸法を正しく、見やすく記入する方法

　寸法は図面に盛り込まれた情報を的確に伝えるための、効果的な手段だ。
　CADが一般的になっても、「この窓の大きさはCAD上で測ればわかるので測ってください」というのは図面ではない。正しく寸法を入れることによって図面を通じて設計者の意図を読み手に伝えることができる。
　また寸法を正しく記入するとともに、読みやすくすることも大切だ。先人は手書きの時代から美しく寸法を入れる方法を工夫してきた。CADになっても読みやすい寸法は手書き時代の技が引き継がれている。

第4章 寸法を正しく、見やすく記入する方法

19 進化した寸法記入「スマート寸法」

[寸法記入]（DIM）コマンドが多機能に

AutoCADは寸法の記入が面倒とよく言われていた。それがAutoCAD 2016の「スマート寸法」で画期的に改善された。「スマート寸法」という名前の新機能だがコマンド名は[寸法記入]（DIM）コマンドのまま、その内容が大きく変わった。水平／垂直、平行、半径、角度などの寸法の種類を決めてから、それぞれに応じたコマンドを実行というのがこれまでの方法だ。AutoCAD 2016からは、[寸法記入]（DIM）コマンドを実行後、寸法記入の対象となる線分や円などを選択し、その選択図形に応じて水平／垂直、平行、半径、角度などの寸法図形がマウスの動きに応じて作成される。また寸法を選択すれば直列寸法や並列寸法を作成できる。1つの[寸法記入]（DIM）コマンドだけでほとんどの寸法を作成できるようになった。

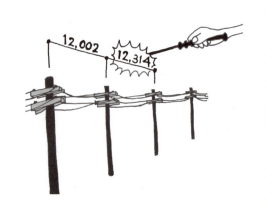

スマート寸法で寸法作図

[寸法記入]（DIM）コマンドを実行して、1本の線分を選択する。続けて指定する寸法線の位置によって水平、垂直、平行の3種類の寸法が作成される。続けてもう1本の線分を選択すれば、角度寸法が作成される。選択した図形とその次にクリックする寸法線位置によって作成される寸法が変わるというこれまでにないコマンドだ。

Version
以降の操作はすべて2016バージョン以降に対応。

1 リボンの[ホーム]タブ-[注釈]（もしくは[注釈]タブ-[寸法記入]）パレットにある[寸法記入]（DIM）コマンドを実行する。

2 寸法を記入する線分を選択し、寸法線の位置をクリックすると寸法が作図される。

- 指示点から上下方向でクリック→水平寸法

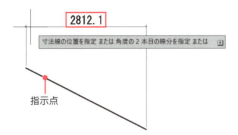

- 指示点から左右方向でクリック→垂直寸法

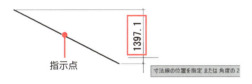

- 斜線の垂線方向でクリック→平行寸法

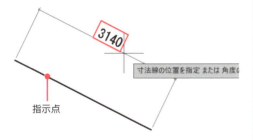

- 2つの線分を選択→角度寸法

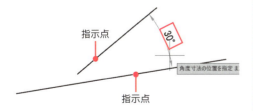

> **HINT**
>
> 紹介した以外にも円や円弧を選択して直径／半径寸法や角度寸法を作成したり、寸法補助線を選択して直列寸法を作成したりすることができる。AutoCAD 2015以前のように［半径寸法］（DIMRADIUS）を選んでから円弧を選択する必要もないし、［直列寸法］（DIMDIAMETER）という別コマンドを実行する必要もない。直径／半径寸法の切り替えや、直列／並列寸法の作成は右クリックメニューからおこなえる。
>
>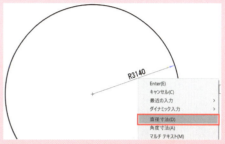
>
> 直径／半径寸法を切り替えられる
>
>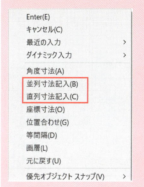
>
> 右クリックメニューから並列／直列寸法が作図できる

寸法を等間隔に並べる

　AutoCAD 2015以前まではすでに作成された並列寸法の間隔をそろえるコマンドはなかったが、2016から［寸法記入］（DIM）コマンドで並列寸法の間隔を等間隔にそろえることができるようになった。等間隔の設定には自動的に等間隔に配置する［等間隔］と、指定した間隔で寸法線を配置する［オフセット］の2種類の方法がある。

第4章 寸法を正しく、見やすく記入する方法

● 自動的に等間隔で配置

1 [寸法記入］(DIM) コマンドを実行後に右クリックして [等間隔] を選択する。

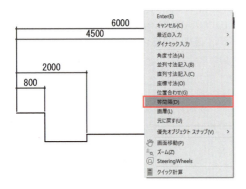

2 寸法の間隔設定方法で [等間隔] を選択する。

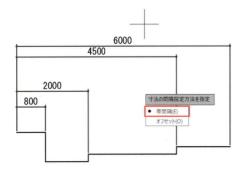

3 対象となる寸法（ここでは4つ）をすべて選択し、[Enter] キーを押す。

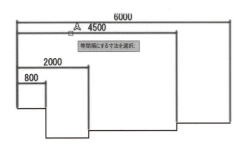

4 選択した寸法線が等間隔に配置される。

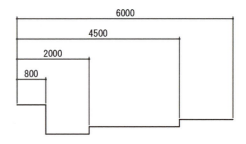

● 指定した間隔でそろえる

1 [寸法記入］(DIM) コマンドを実行後に右クリックして [等間隔] を選択する。

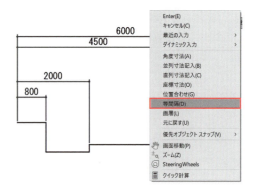

2 寸法の間隔設定方法で [オフセット] を選択する。

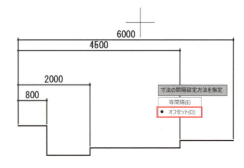

3 動かさない「基準寸法」を選択し、右クリックして［オフセット］を選択する。指定間隔としてオフセット値（ここでは500）を入力する。

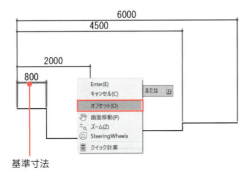

4 基準寸法以外の等間隔にする寸法をすべて選択し、Enterキーを押す。

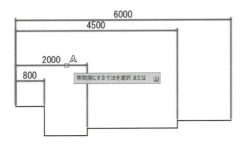

5 指定したオフセット値500間隔で寸法が配置される。

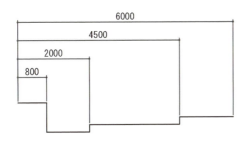

寸法作図途中のミスを回避

　［寸法記入］（DIM）コマンドで寸法作図中に寸法線が重なってしまった時は、自動的に［離す］［分解］［再配置］［なし］の4つのオプションをAutoCADが聞いてくれ、正しい配置に変更できる。これもAutoCAD 2015以前にはなかった新しい寸法作成の機能だ。

- ［離す］→並列寸法になる

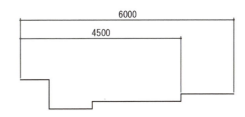

- ［分解］→6000の寸法の起点が移動して直列寸法になる

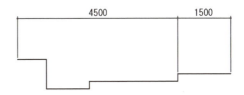

- ［再配置］→6000の寸法が消えて新しい起点入力を求められる

第4章 寸法を正しく、見やすく記入する方法

20 寸法値を丸める

👉 寸法値を丸めて表示する方法

寸法値を整数で表示して小数点以下を表示させない、あるいは10単位で丸めた数字を表示する方法を紹介する。

気をつけるのは「単位管理」と「寸法値の丸め」を混同しないことだ。「寸法値の丸め」は寸法値のみを端数処理するが、「単位管理」で整数としてしまうと、距離の測定や図形のプロパティでも小数点以下の数値が表示されなくなってしまう。

寸法表記を10単位に丸める

「1234.5」と表示されている寸法値を、1の位を四捨五入して10単位で「1230」と表示されるようにしよう。寸法表記を10単位でまとめる設定は、プロパティパレットからおこなう方法と寸法スタイル管理からおこなう方法の2つがある。

● プロパティパレットを使う場合

個別に寸法値を変更したいときはプロパティパレットを使う。目的の寸法図形を選択して「基本単位」－「寸法値の丸め」欄の値を「10」とする。

● 寸法スタイル管理を使う場合

寸法スタイルで設定すれば、この寸法スタイルを使って作成される寸法値がすべて10単位となる。寸法値をまとめて変更したいときに使える方法だ。

1 リボンの［注釈］タブ－［寸法記入］パネルの右下の［↘］をクリックして、［寸法スタイル管理］（DIMSTYLE）コマンドを実行する。

2 「寸法スタイル管理」ダイアログボックスが開く。目的の寸法スタイルを選択し、［修正］ボタンをクリックする。

3 表示された「寸法スタイルを修正」ダイアログボックスで［基本単位］タブの「丸め」欄を「10」とする。

単位管理で丸める

図面全体で寸法値にかぎらず、すべての長さの丸めを変更するには、長さの「精度」を変更する。

1 アプリケーションボタンから［図面ユーティリティ］－［単位設定］を選択し、［単位管理］（UNITS）コマンドを実行する。

2 「単位管理」ダイアログボックスで「精度」欄を「0」とすれば、長さの表示はすべて整数となる。

HINT
この設定では、小数点以下を四捨五入した整数で表示される。また、表示が整数になるだけで、入力には小数点以下の数値も使用でき、内部では小数を含む長さとして計算される。

第4章 寸法を正しく、見やすく記入する方法

21 おかしな寸法値をさがして修正

> **おかしな寸法値とは**
>
> 距離を測定すると100.5なのに、寸法値には「100」と表示されている寸法や、測定値とまったく異なる寸法値（書き込み寸法）が書き込まれた図面を受け取ることがある。修正しようにも図面を見ただけでは、どれが正しい寸法でどれが書き込み寸法なのかわからない。ここでは、すべての寸法を測定値に修正する方法と、測定値が正しく表示されていない寸法を見つける方法を教えよう。

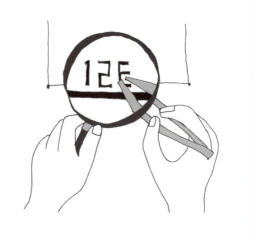

すべての寸法を測定値に修正

とにかく図面上の寸法値すべてを正しい寸法値にするという方法は次のとおりだ。ここでは、この図の真ん中の寸法値「1500」が「書き込み寸法」だとしよう。

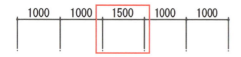

1 キーボードから「DIMEDIT Enter」と入力し[寸法編集]（DIMEDIT）コマンドを実行する。オプションは[寸法値置き換え(N)]を選択する。

2 図のように「0」が表示される。ここで「0」というのは計測値を寸法に使う、つまり正しい寸法という意味だ。これでいいので、このまま図面上のどこかでクリックする。

3 「オブジェクトを選択：」とプロンプトが表示されるので、図面上の全図形を交差選択などで選択するか、キーボードから「ALL Enter」と入力する。ここで寸法図形以外の図形が選択されてもかまわない。これで、図のように書き込み寸法は正しい寸法値に修正された。

56

書き込み寸法を見つける

どこに書き込み寸法があるか見つけるには［オブジェクト選択フィルタ］(FILTER) コマンドを使う。「オブジェクト選択フィルタ」ダイアログボックスでは計測値ではない寸法をさがす条件（「文字の値」を空白）を指定できないため、FILTER.NFLファイルを書き換える。

1 AutoCADのサポートフォルダ「%APPDATA%¥Autodesk¥AutoCAD 2019¥R23.0¥jpn¥Support」(AutoCAD 2019の場合) にあるFILTER.NFLファイルをメモ帳などで開く。

> **HINT**
> AutoCADのサポートフォルダは上記の「%APPDATA%」で始まる「」内の文字列をエクスプローラのアドレス欄に入力してください。

> **Caution**
> ［オブジェクト選択フィルタ］(FILTER) コマンドを一度も実行していないAutoCAD (LT) には、FILTER.NFLファイルがない。「16. 条件に合った図形だけを選択」(P.42) の「オブジェクト選択フィルタ」を参考にコマンドを実行してFILTER.NFLファイルを作成する。
> また、FILTER.NFLファイルは、本来ユーザが修正すべきではない。まちがうと［オブジェクト選択フィルタ］(FILTER) コマンドが使えなくなることがあるので、慣れない場合は本書付録CD-ROMからFILTER.NFLファイルを上記のサポートフォルダにコピーしたほうが確実だ。

2 次の内容をファイルの最後に追加して保存する。

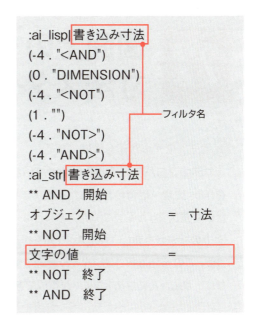

> **HINT**
> 「文字の値」の空白は、寸法値に使用する文字に上書きしない＝計測値のままの寸法という意味だ。それを「NOT」で囲んでいるので逆に、寸法値を上書きした＝計測値のままではない寸法という条件になる。

3 キーボードから「FILTER Enter」と入力して［オブジェクト選択フィルタ］(FILTER) コマンドを実行する。「オブジェクト選択フィルタ」ダイアログボックスの「現在」で「書き込み寸法」を選び、［適用］ボタンをクリックする。

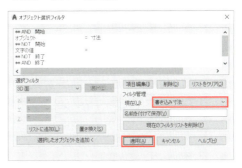

4 キーボードから「ALL Enter」と入力すると、書き込み寸法のみが選択される。

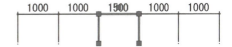

第4章　寸法を正しく、見やすく記入する方法

22 図面上の寸法を利用して寸法スタイルを作成する

寸法スタイルがすぐ作成できる

寸法のプロパティを設定して見やすい寸法を作ったとき、他者の作成した図面でまねしたい寸法スタイルを見つけたときなどは、図面上の寸法から新しい寸法スタイルを作成しよう。この方法なら寸法スタイル管理を使わずに、かんたんに寸法スタイルが作成できる。

既存の寸法から寸法スタイルを作成する

1 図面上にある寸法図形を選択して右クリックし、[寸法スタイル管理]−[新しい寸法スタイルで保存]を選択する。

2 「名前を付けて寸法スタイルを登録」ダイアログボックスで、この寸法スタイルの名称(ここでは「建築50」)を入力する。

3 この図面に新しい寸法スタイル「建築50」が追加された。これでこの寸法スタイルがすぐ使える。

4 この新しい寸法スタイル「建築50」を現在値として、寸法をかいてみる。図のように新しい寸法スタイルで寸法図形が作成される。

23 寸法値を２段書きにする

寸法値を2段でも記入できる

手書きで図面を作成していたときには寸法値を自由に記入していた。そのような製図の習慣で寸法値を2段書きにしたいこともある。そういう場合は、寸法値の中に改行を示す書式コード「¥P」や、寸法線の下に寸法値を表示する書式コード「¥X」を使う。

寸法値を改行する

1. 対象となる寸法（ここでは寸法値「1000」）を選択し、プロパティパレットを表示する。

2. 「文字」－「寸法値の優先」欄に大文字のPを使って「<>¥P打ち合わせによる」と記入すると、図のように寸法値が2段書きされる。「<>」は計測された寸法値（ここでは1000）を意味する。

寸法線の上下に寸法値

1. 対象となる寸法（ここでは寸法値「1000」）を選択し、プロパティパレットを表示する。

2. 「文字」－「寸法値の優先」欄に大文字のXを使って「<>¥X打ち合わせによる」と記入すると、図のように寸法線をはさんで2段に寸法値が表示される。

第4章 寸法を正しく、見やすく記入する方法

24 寸法値だけを移動する

寸法値が混みあっている場合

混みあった寸法値を見やすくするために上下左右に移動させるのは製図の常識だが、AutoCADの既定値の「ISO-25」寸法スタイルで作成された寸法は、寸法値のところのグリップをマウス操作で移動すると寸法線全体が移動して、寸法値の文字のみを移動させることができない。CADで寸法値だけ移動するには少しコツがいる。

寸法値の移動

寸法値の移動はプロパティパレットを使う方法とグリップメニューを使う方法がある。

● プロパティパレットを使う

プロパティパレットの「フィット」-「寸法値の移動」欄で「寸法値を移動、引出線なし」を選択すると、寸法値のグリップを使って寸法値のみ移動できるようになる。

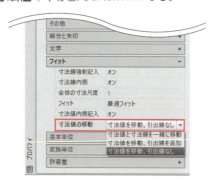

● グリップメニューを使う（2012以降のバージョン）

寸法を選択したあと、寸法値位置に表示されるグリップにカーソルを重ねた（マウスのボタンはクリックしない）ときに表示されるメニューから［文字のみを移動］を選ぶ。

Version
AutoCAD（LT）2011以前のバージョンでは寸法を選択して右クリックし、［寸法値位置］-［文字のみを移動］を選択する。

第**5**章

文字をもっと使いこなす

図面といってもA1サイズの用紙にぎっしり文字が並んだ新聞紙のような図面もある。あるいは図形の隙間を利用して、きれいに注記を記入してある図面もある。

このような図面上の文字を扱う方法をここでいくつか紹介する。分数や縦書き、きれいに位置の揃ったフォントの使い方、文字の検索置換、マルチテキストに変換など、図面に文字を記入、編集するときの苦労を少し減らしてくれるテクニック集だ。

25 分数表記にする

マルチテキストで分数表記ができる

分数は「1/4」のようにスラッシュを使った表記が一般的だが、マルチテキストを使えば普通の分数表記（スタック）が可能だ。分数表記は入力時に変更する方法と、あとから範囲指定して変更する方法の2種類ある。AutoCAD 2015からマルチテキスト入力時に分数表記が自動変換されるようになった。

入力しながら分数表記にする

AutoCAD 2015以降のバージョンでは「2/8 = 1/4 =」のような分数を含む式をマルチテキストで入力すると、「=」やスペースを入力した時点で分数表記になる。

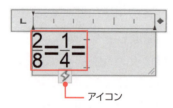

アイコン

HINT
分数の下にあるアイコンをクリックして[スタックのプロパティ]を選ぶと、分数表記の詳細設定がおこなえる。

Version
2014以前のバージョンでは「=」やスペースを入力した時点で表示されるダイアログボックスで次のように設定して[OK]ボタンをクリックする。

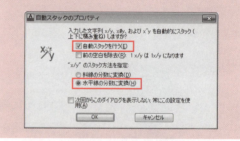

範囲を選んで分数表記にする

図面上の分数にしたい文字（マルチテキスト）の範囲を選んで右クリックし、[スタック]を選ぶ。

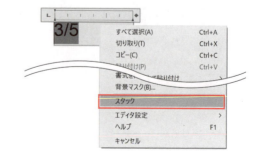

26 縦書き文字を記入する

そのまま使っても縦書きにならない

縦書き用の日本語フォントは頭に「@」の付いたフォントだ。たとえば「@MSゴシック」フォントなどがある。ただし、縦書きフォントをAutoCADでそのまま使っても縦に表示されない。縦書き用のフォントで書いたテキストはマルチテキストの回転角度を270度とすることで、縦書き表示できる。

半角の文字や数字には縦書き用のフォントがないので、縦書きで使うことができない。

縦書き文字をかく

ここでははじめから縦書きフォントを使わず、横書きフォントで文字を作成後に縦書きフォントに変える方法で説明する。この方法なら確定するまで慣れた横書きで文字を編集できる。

1 [マルチテキスト]（MTEXT）コマンドを実行する。「最初のコーナーを指定：」のプロンプトに対して文字を置く範囲の左上の位置1でクリックしてから右クリックし、[回転角度] を選択する。

第5章 文字をもっと使いこなす

2 「回転角度を指定：」に対して縦書きを意味する「270 Enter」を入力する。次に「もう一方のコーナーを指定：」に対して、文字を記入する範囲の右下2の位置でクリックする。

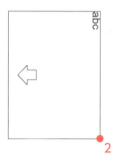

3 文字を入力した。まだフォントを変更していないので、横書きのまま全体が270度回転するだけだ。

4 もう一度文字をダブルクリックして選択し、リボンの［テキストエディタ］タブの［書式設定］パネルから@が付いている縦書き用のフォント（ここでは「@MSゴシック」）を選択する。

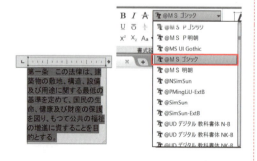

5 確定すると図のように縦書きで文字が表示される。

> 第一条　この法律は、建築物の敷地、構造、設備及び用途に関する最低の基準を定めて、国民の生命、健康及び財産の保護を図り、もって公共の福祉の増進に資することを目的とする。

HINT

先に「@」の付いた縦書き用のフォントに設定しておいてからマルチテキストを入力し、その後に回転角度を270度に設定しても縦書き表示にできる。文字の入力が横書きのほうがわかりやすい場合は、あとから縦書きフォントに変更する筆者おすすめの方法がいいだろう。

27 文字を図形にする

文字のアウトラインを図形化する

駐車スペースに書かれている「P」などの文字や道路標識上の文字などを図面で表現する場合、文字のままではなくポリラインと線分の図形として作図したい。ポリラインと線分にしておけば他の図形との組み合わせや、文字デザインの変更などがかんたんにできる。

AutoCADのエクスプレスツール（AutoCAD LTには付属しない）を使えば、文字の輪郭を抽出し、ポリラインにすることができる。

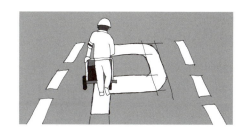

文字を分解する[Explode Text]（TXTEXP）コマンドでポリライン図形に

図のような「MSゴシック」フォントで図面に記入された「P」の文字がある。この文字の輪郭線を抽出する。

Version
エクスプレスツールは、AutoCAD LTでは使えない。

1 エクスプレスツール（Express Tools）のインストールされたAutoCADで、リボンの[Express Tools]タブー[Text]パネルの[Modify Text]から[Explode]を選択する。

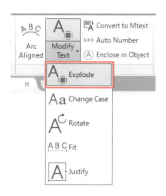

第5章　文字をもっと使いこなす

2 「オブジェクトを選択:」のプロンプトに対して「P」の文字を選択すると、図のような輪郭線の表示になる。

1本のポリラインにする

　上記の図形は2本のポリラインで構成されている。複数の図形に分かれていると、そのあとの編集にひと手間かかってしまう。これを1本のポリラインにする。

1 ［トリム］（TRIM）コマンドなどで不要なポリラインや線分を削除する。［ポリライン編集］（PEDIT）や［重複オブジェクトの削除］（OVERKILL）などを使って外側の線を1本のポリラインにする。

2 1本のポリラインにしたので、文字ではない1つの図形として移動や複写、尺度変更などもかんたんにできる。

HINT
エクスプレスツールの使えないAutoCAD LTでは少し手間がかかるが［WMF書き出し］［WMF読み込み］を使って文字の輪郭線を取り出すことができる。

①［隠線処理］（HIDE）コマンドを実行して文字の輪郭線のみの表示にする。
②［WMF書き出し］（WMFOUT）コマンドで文字をWMFファイルに書き出す。
③［WMF読み込み］（WMFIN）コマンドでWMFファイルを図面に読み込む。
④［分解］（EXPLODE）コマンドでブロックとして読み込まれた文字をポリラインに変換する。

図の右側がポリライン輪郭線に変換された文字だ。精度はよくないが少し編集すれば使える図形になった。

28 文字(TEXT)をマルチテキストに変換

TEXTからMTEXTへの変換

マルチテキストは[分解](EXPLODE)コマンドで「文字(TEXT)」に変換される。逆に、複数の異なった場所にある文字(TEXT)を1つのマルチテキストにするには[文字を結合](TXT2MTXT)コマンドを使う。このコマンドはAutoCAD 2017から標準コマンドとして使えるようになったが、それ以前はエクスプレスツールのコマンドだった。

文字をマルチテキストに

右図は仕様書の一部だが17個の「文字(TEXT)」で構成されている。これを1つのマルチテキストに変換して、編集しやすいようにする。テキストをマルチテキストに変換する[文字を結合]コマンドを使う。

Version
この操作は2017バージョン以降に対応。

1 リボンの[挿入]タブー[読み込み]パネルの[文字を結合]をクリックする。

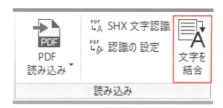

2 作図ウィンドウ内を右クリックし、[設定] を選択すると「TXT2MTXTの設定」ダイアログボックスが表示される。「単一のマルチテキストオブジェクトに結合」にチェックを入れ、「文字列の順序を選択」を選んで [OK] ボタンでダイアログボックスを閉じる。これで、文字を選択した順にマルチテキストにすることができる。

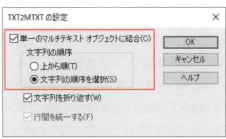

HINT
「文字列の順序を選択」を選んだのは選択した順に文字列を並べて、1つのマルチテキストにするためだ。「上から順」を選ぶと上から下に並んでいる順に1つのマルチテキストになる。
この例のように1行内に複数のテキストがある場合は「文字列の順序を選択」を選び、順番を指示したほうが無難だ。

3 「オブジェクトを選択：」に対して、マルチテキストにする文字を順に選択していく。

2. 試験　　（躯体コンクリートの28日圧縮試験は公的機関において行う）
　　1) 骨材　　[　塩分含有量　　アルカリシリカ反応性　　]
　　2) フレッシュコンクリート　[　　スランプ　　空気量　]
　　3) 躯体のせき板取り外し時期決定圧縮試験
　　4) コンクリートコア抜き取り圧縮試験
　　5) マスコンクリートのひび割れ照査（温度応力解析）

4 [Enter] キーで選択を終えると、図のように1つのマルチテキストになる。

2. 試験　　（躯体コンクリートの28日圧縮試験は公的機関において行う）1) 骨材　塩分含有量　アルカリシリカ反応性 [　] 2) フレッシュコンクリート [スランプ 空気量] 3) 躯体のせき板取り外し時期決定圧縮試験 4) コンクリートコア抜き取り圧縮試験 5) マスコンクリートのひび割れ照査（温度応力解析）

Caution
ここでは2行目のカッコ[　]が「アルカリシリカ反応性」の後ろに表示されている。これは[　]のテキストと「塩分～反応性」のテキストが二重書きされていたからだ。このようにケースによっては文字位置が変わってしまうこともあるので、次のように書式を整える作業が必要になる。

5 必要に応じて改行を入れ、1つのマルチテキストとして [　] の位置や空白などの書式を整える。

2. 試験　　（躯体コンクリートの28日圧縮試験は公的機関において行う）
　　1) 骨材　　[　塩分含有量　　アルカリシリカ反応性　　]
　　2) フレッシュコンクリート [　スランプ　空気量　]
　　3) 躯体のせき板取り外し時期決定圧縮試験
　　4) コンクリートコア抜き取り圧縮試験
　　5) マスコンクリートのひび割れ照査（温度応力解析）

29 条件を指定して検索する

検索オプションで指定する

「検索と置換」はWordやExcelにもある機能だが、AutoCADのそれはブロック属性値やマルチテキストなどの図形の種類やモデルかレイアウトかを指定して実行できるようになっている。

ここでは図面上のすべての「m」（メートル）という文字を「mm」（ミリメートル）に置換する例をとりあげ、その機能を紹介する。

条件を指定して検索する

1 リボンの［注釈］タブ−［文字］パネルにある［文字検索］（FIND）コマンドを使う。テキストボックス内に「m」と入力して虫メガネのアイコンをクリックする。

2 「検索と置換」ダイアログボックスが表示され、図面上で使われている「m」の数（ここでは85個）が表示される。［OK］ボタンでメッセージボックスを閉じる。

HINT

「検索と置換」ダイアログボックスの「検索結果を表示」にチェックを入れていない場合は、図のような検索結果の一覧が表示されず、見つかった場所がズームされているので、［次を検索］ボタンをクリックしながら検索結果を移動していく。

第5章　文字をもっと使いこなす

3　「検索と置換」ダイアログボックス左下の ⊙ ボタンでダイアログボックスを展開して、もう少し細かく設定する。ここでは長さを示す小文字の「m」だけを検索し、寸法値や属性値は対象から外す。

- 「ワイルドカードを使用」にチェックを入れて、「検索する文字列」欄には数字を示すワイルドカード「*」を使って「*m」と入力する
- 「検索オプション」の「大文字と小文字を区別」にチェックを入れる
- 「文字の種類」は、「1行文字またはマルチテキスト」のみをチェックする

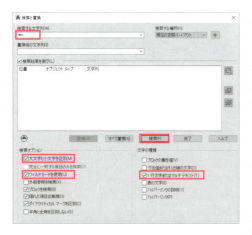

4　この状態で[検索]ボタンをクリックすると、上記の条件に合致する「m」の数(ここでは2個)が表示される。

置換の場合は?

「3m」を「3,000 mm」のように置換する場合、「検索する文字列」欄にはワイルドカードを使うことができたが、「置換後の文字列」にワイルドカードを使うことはできない。

1　上記のように置換する場合、「検索と置換」ダイアログボックスの「検索する文字列」は「m」、「置換後の文字列」欄に「,000 mm」と入力する。

2　[すべて置換]ボタンで図のように該当する「m」が「mm」に変換される。

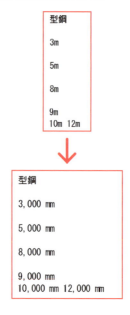

30 属性文字を普通の文字に変換

👆 他のCADソフトに属性を正しく渡すには

属性文字とはブロックの中の「属性」で使われる文字列のことで、図面のタイトルや作図日などに用いることが多い（P.120参照）。しかし、Jw_cadなどの他のCADソフトに図面を渡すとき、このブロックの属性は正しく渡らない。このため普通の文字に変換したくても、AutoCADの標準コマンドでは属性文字を文字に変換することができない。

AutoCADのエクスプレスツール（AutoCAD LTには付属しない）にある属性を分解する[Explode Attributes]（BURST）コマンドを使うことで、「属性文字」でなく「文字」に変換できる。この方法でどのCADソフトでも正しく表示できるようになる。

🔍 [分解]（EXPLODE）コマンドではうまくいかない

次の図は筆者が使っている図面枠のブロックだ。工事名や図面名、図番、縮尺などが属性として登録されている。

試しに［分解］（EXPLODE）コマンドでこの図面枠ブロックを分解してみる。表示される文字が属性の値でなく、属性の名称になってしまった。これでは使うことはできない。

属性を分解する［Explode Attributes］（BURST）コマンドを使う

> **Version**
> エクスプレスツールは、AutoCAD LTでは使えない。

1 エクスプレスツール（Express Tools）のインストールされたAutoCADで、リボンの［Express Tools］タブー［Blocks］パネルの［Explode Attributes］をクリックしてBURSTコマンドを実行する。「オブジェクトを選択:」のプロンプトに対して図面枠ブロックを選択する。

2 図のようにブロックは分解され、属性は「文字」に変換される。文字のスタイルや位置合わせ、高さも元の属性から引き継がれているので、見た目は何も変わらない。

31 文字の幅や位置をそろえる

等幅のフォントを使うだけではダメ

図面に表を作成したときに、縦に並んだ数字の小数点の位置が同じ位置にそろって桁数に応じた長さになっていないと見苦しい。そのためにはすべての文字が同じ幅になっている「等幅」のフォントを使う。

等幅でないフォントtxt.shxを使うと

　AutoCAD標準のフォントだが、カクカクして見苦しいと評判の悪いフォントであるtxt.shxを使って9桁の数字を並べてみた。各文字の桁位置があっていないので、表としてはまったく使い物にならない。

等幅のフォントを使う

　AutoCADで使える等幅フォントには次のものがある。ただし、ここではTrueTypeフォントはのぞいてある。

● **monotxt.shx**
カクカクした美しくない字体だが、等幅フォントの代表的なものだ。

第5章　文字をもっと使いこなす

● romans.shx

字体がきれいなので、よく使われるフォント
だが、一部の英数字が少しずれる。

左寄せ　　　　　右寄せ

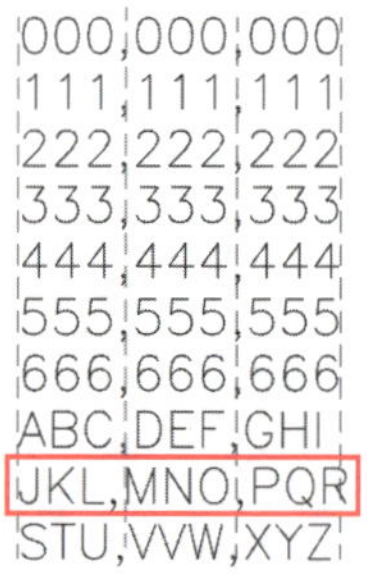

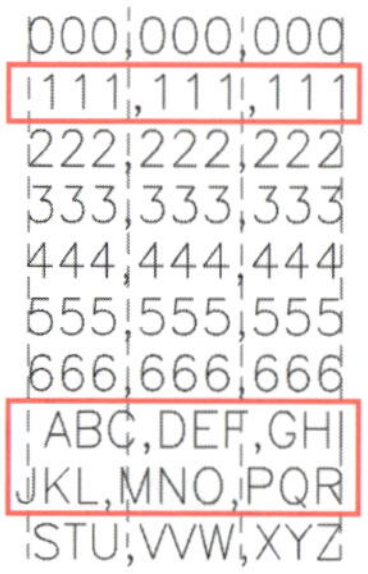

```
000,000,000        000,000,000
111,111,111        111,111,111
222,222,222        222,222,222
333,333,333        333,333,333
444,444,444        444,444,444
555,555,555        555,555,555
666,666,666        666,666,666
ABC,DEF,GHI        ABC,DEF,GHI
JKL,MNO,PQR        JKL,MNO,PQR
STU,VVW,XYZ        STU,VVW,XYZ
```

● exthalf2.shx

全角文字の半分の幅になるように作られた
フォント。字体もきれいで位置もそろう。

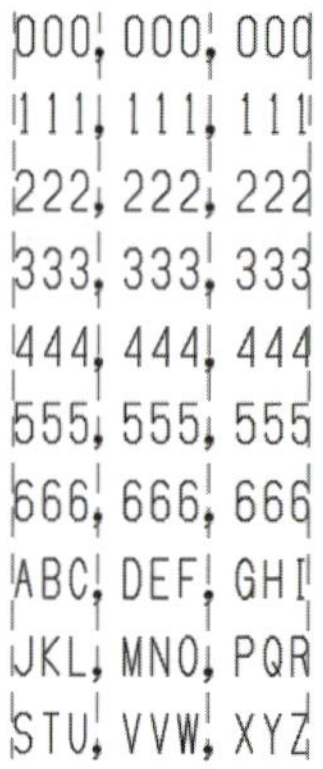

```
000, 000, 000
111, 111, 111
222, 222, 222
333, 333, 333
444, 444, 444
555, 555, 555
666, 666, 666
ABC, DEF, GHI
JKL, MNO, PQR
STU, VVW, XYZ
```

● extslim2.shx

全角文字の2／3の幅になるように作られ
たフォント。このフォントも字体がきれいで
位置もそろう。

```
000, 000, 000
111, 111, 111
222, 222, 222
333, 333, 333
444, 444, 444
555, 555, 555
666, 666, 666
ABC, DEF, GHI
JKL, MNO, PQR
STU, VVW, XYZ
```

TrueTypeフォントを使うときは

TrueTypeフォントはWindowsで標準的に使
用されるフォントだ。RevitやARCHICADなど
のBIMアプリケーションでも使われている。等
幅フォントの「MSゴシック」を使うと右寄せで
も位置がそろうが、文字によって幅のちがうプ
ロポーショナルフォントは英字の位置がそろわ
ない。右の図はプロポーショナルフォントの
「MS Pゴシック」の例だ。

```
000, 000, 000      000,000,000
111, 111, 111      111,111,111
222, 222, 222      222,222,222
333, 333, 333      333,333,333
444, 444, 444      444,444,444
555, 555, 555      555,555,555
666, 666, 666      666,666,666
ABC, DEF, GHI      ABC,DEF,GHI
JKL, MNO, PQR      JKL,MNO,PQR
STU, VVW, XYZ      STU,VVW,XYZ
```
MSゴシック 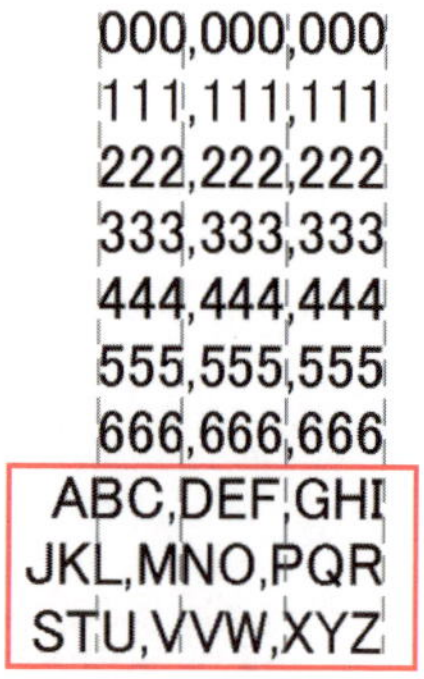　　　　MS Pゴシック

このため、表に使う文字はプロポーショナル
フォントを避けたほうが、位置がそろってきれ
いに見える。参考までにWindowsでよく使われ
ているプロポーショナルフォントの例を紹介す
る。いずれも文字の位置がそろわないことがわ
かる。

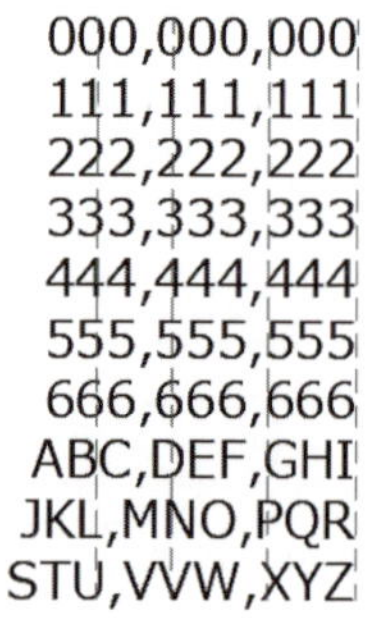

```
000,000,000        000,000,000
111,111,111        111,111,111
222,222,222        222,222,222
333,333,333        333,333,333
444,444,444        444,444,444
555,555,555        555,555,555
666,666,666        666,666,666
ABC,DEF,GHI        ABC,DEF,GHI
JKL,MNO,PQR        JKL,MNO,PQR
STU,VVW,XYZ        STU,VVW,XYZ
```
メイリオ 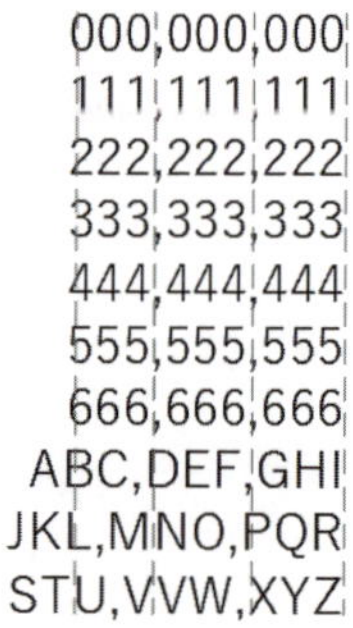　　　　　遊ゴシック

第6章

移動、複写、削除だけじゃない図形の編集

CAD操作では新たに図形を作図するより、図面上にある図形を変更する作業のほうが時間的に多い。あまり知られていないけど、編集作業の時間を少しでも減らしてくれるAutoCADのベテランたちが使う技を集めてみた。

確実な操作を保証するプレビュー、Shiftキー併用のコマンド操作、グリップを使ったコマンドレスの編集などだ。

32 操作の結果はプレビューで確認

未来を見せてくれるプレビュー

「まだしていないが、もしこんなことをすると結果はどうなるか」を見せてくれる機能「プレビュー」がAutoCAD 2012から使える。

対象となるコマンドは[ハッチング]（HATCH）、[フィレット]（FILLET）、[面取り]（CHAMFER）、[オフセット]（OFFSET）、[削除]（ERASE）、[ストレッチ]（STRETCH）、[回転]（ROTATE）などたくさんある。

ここではAutoCAD 2019を使っていくつかのコマンドのプレビューを見てみよう。

フィレット結果をプレビュー

半径300で2本の線分の間でフィレットをおこなう。

1 ［フィレット］（FILLET）コマンドを実行する。

2 最初の線分として図の1の線を選択する。右クリックして［半径］を選び、半径の値300を入力する。

3 「2つ目のオブジェクトを選択：」に対して、マウスのボタンをクリックしないでカーソルを2の線に近づけると、図のようにフィレットしたときの状態がプレビュー表示される。

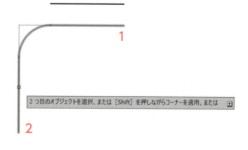

4 プレビューを確認して、ここではじめてマウスのボタンをクリックすると、フィレットが確定、作図される。

HINT
このプレビュー機能は「オプション」ダイアログボックスの[選択]タブで「選択のプレビュー」がオンの状態、つまりシステム変数SELECTIONPREVIEWが2以上でないと使えない。SELECTIONPREVIEWの既定値は「3」で、図の「選択のプレビュー」の両方にチェックが入っている状態だ。

Version
プレビュー対象となるコマンドは年々増えている。バージョンごとに追加されたコマンドは以下のとおり。
- AutoCAD 2006〜2011
  ハッチング (HATCH) のみ
- AutoCAD 2012
  フィレット (FILLET)、面取り (CHAMFER) が追加
- AutoCAD 2013
  オフセット (OFFSET) が追加
- AutoCAD 2015
  トリム (TRIM)、延長 (EXTEND)、部分削除 (BREAK)、長さ変更 (LENGTHEN)、プロパティコピー (MATCHPROP) が追加
- AutoCAD 2016〜2019
  ブレンド曲線 (BLEND)、削除 (ERASE)、ストレッチ(STRECH)、回転(ROTATE)、尺度変更(SCALE)が追加

ストレッチ結果をプレビュー

1 [ストレッチ](STRETCH)コマンドを実行する。

2 「ストレッチするオブジェクト」として伸縮したい部分を選択、基点を指定するとマウスの動きに応じてストレッチ結果が表示される。

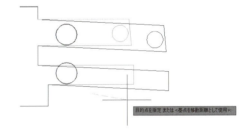

3 希望のストレッチ結果が表示されたところでクリックする。ストレッチは選択する範囲によって結果が変わってくるコマンドで、操作ミスすることも多い。操作の結果をプレビューできることでミスはなくなる。

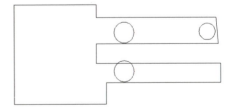

第6章 移動、複写、削除だけじゃない図形の編集

33 トリムと延長をすばやく切り替える

👆 Shift キーですぐ切り替わる

　トリムと延長は同時におこなわれることが多い。ある基準となる線を使って、線の端をカットしたり伸ばしたりしてそろえる場合などだ。

　そんなときに Shift キーを押しながらの操作が使える。[トリム](TRIM)コマンドを実行中に Shift キーを押せば[延長](EXTEND)に変わる。逆に[延長](EXTEND)コマンド実行中は Shift キーを押せば[トリム](TRIM)に変わる。

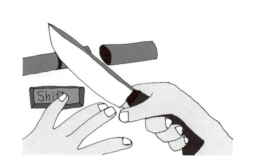

🌀 トリム実行中に Shift キー

　縦方向の線の端点2〜6を横方向の線1上にそろえる。

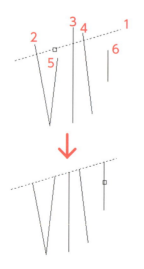

1 [トリム](TRIM)コマンドを実行する。

2 「切り取りエッジを選択 … オブジェクトを選択：」で切り取りエッジとなる横方向の線1を選択し、Enter キーで確定する。

3 「トリムするオブジェクトを選択：」に対して、トリムする縦の線3本の横の線からはみだした位置2、3、4をクリックして選択する。

4 あと2本の縦の線は「延長」する。[トリム](TRIM)コマンドを実行したまま Shift キーを押しながら5、6のクリックで選択して延長する。

78

34 半径0とR付きフィレットの切り替え

👆 Shift キーで半径を切り替える

はみだしたコーナー部をクリーンアップする半径0でのフィレットと、Rを付けて丸めるフィレットをかんたんに使い分ける方法がある。

［フィレット］（FILLET）コマンドをそのまま実行すると設定された半径が適用され、Shift キーを押しながら実行すると半径0でのフィレットになる。

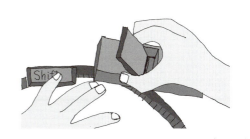

🔟 Shift キーを押しながらフィレット

図の左側のコーナーをR付きで、右側のコーナーを半径0でフィレットする。

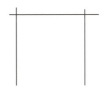

1 ［フィレット］（FILLET）コマンドを実行する。

2 そのままコーナーの線1、2をクリックで選択するとR付きでフィレットされる。

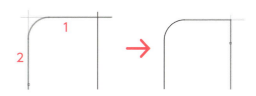

3 続けてフィレットを繰り返し、右側のコーナーは Shift キーを押しながら線1、3を選択する。図のように半径0でフィレットされる。

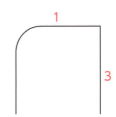

35 フィレットで接円を作図

フィレットのRを利用する

［フィレット］（FILLET）コマンドを使って2つの円に接する半径の決まった円（円弧）を作図することができる。機械設計で大小2つの歯車をつなぐ新たな歯車の配置を決めるときなどに使える機能だ。このコマンドを使えば、補助円を作図する必要はない。

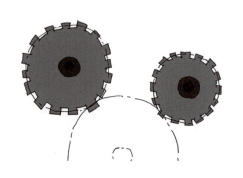

2円の間の接円弧

左は半径500の円、右は半径350の円だ。これら2つの円に接する円を作図する。

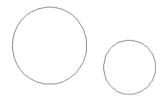

1 ［フィレット］（FILLET）コマンドを実行する。

2 フィレット半径を300に設定、1、2をクリックすると図のように2つの円の間に接円弧が作図される。

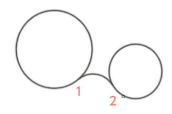

3 フィレットによって作図された円弧を使って円を作図する。円弧の中心と半径をオブジェクトスナップで指示し、円弧に重ねて円をかく（ここではわかりやすいように寸法も記入した）。

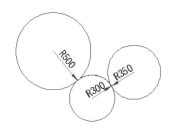

部分的に重なった2円でフィレット

一部が交差している2円では、クリックする位置によってフィレットの形状が変わってくる。

1 図の1、2をクリックした場合

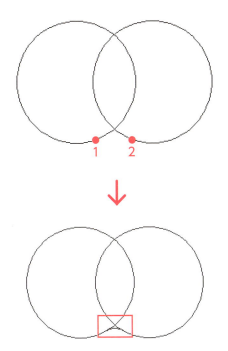

2 図の3、4をクリックした場合

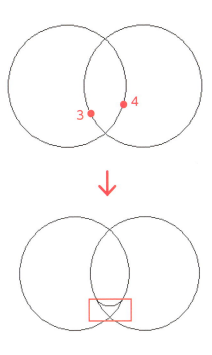

3 図の5、6をクリックした場合

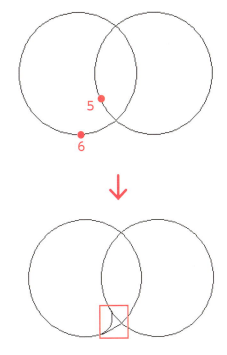

36 グリップで図形を編集する

マウスだけで図形を編集

リボンもツールバーもアイコンもキーボードも使わずに図形を編集する方法が「グリップ」だ。図形を選択すると表示される青い四角形をグリップと呼ぶ。グリップだけで直感的に操作できるので編集作業をスピードアップできる。

AutoCAD 2012 からはポリライン、円弧、楕円、スプライン、寸法、マルチ引出線で「多機能グリップ」が使えるようになり、クリックしないで表示されるメニューや Ctrl キーを使っての編集がおこなえる。

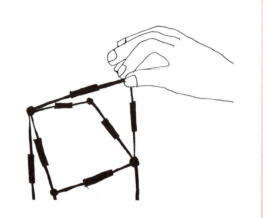

線分をグリップで編集

コマンドを何も実行しないで、図の線分をマウスクリックで選択すると、3箇所にグリップが表示される。線分のグリップでできる編集には次のようなものがある。

● ストレッチ

端点のグリップの上でクリックすると、グリップの色が赤色に変わる。この状態でマウスを動かすと、「ストレッチ」になる。

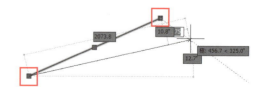

36 グリップで図形を編集する

● 移動
中央のグリップでクリックして動かすと「移動」だ。

● 複写
端点でも中央でも Ctrl キーを押しながら動かすと、元の図形が削除されずに新しい図形が追加される「複写」になる。

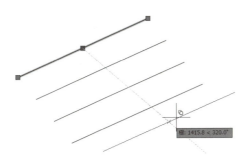

● その他
グリップを選択中に スペース キーを押すことで［ストレッチ］→［移動］→［回転］→［尺度変更］→［鏡像］と実行コマンドが変わる。また、それぞれのコマンドで Ctrl キーと組み合わせ、複写することもできる。図は Ctrl キーを押しながら回転している。

ポリラインを「多機能グリップ」で編集

次に、ポリラインの多機能グリップを使った編集を紹介する。ポリラインを選択すると、各頂点とその中間にグリップが表示される。

Version
「多機能グリップ」はAutoCAD 2012以降のバージョンでないと使うことができない。

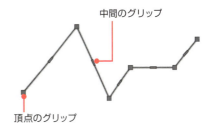

● 頂点でのグリップ編集
グリップの上にカーソルを持ってくる（クリックしない）と、実行できるコマンドのメニューが表示される。ポリライン頂点には図のような［頂点をストレッチ］、［頂点を追加］、［頂点を除去］のメニューが表示される。

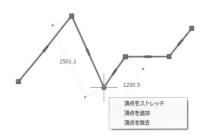

83

● 中間でのグリップ編集

中間のグリップには［ストレッチ］、［頂点を追加］、［円弧に変換］のメニューが表示される。

1. この中間のグリップを使ってポリラインを変更してみる。メニューを選ばずにグリップ上でクリックすると、最初に実行されるのは［ストレッチ］だ。

2. ［ストレッチ］を実行中でも Ctrl キーを押せば次の［頂点を追加］になる。

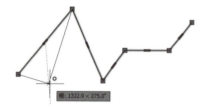

3. さらにもう一度 Ctrl キーを押せば次の［円弧に変換］になる。

4. 前項の線分と同様に、スペース キーを使って［ストレッチ］→［移動］→［回転］→［尺度変更］→［鏡像］と切り替えることもできる。

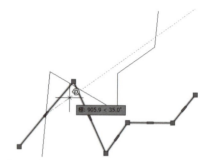

中間のグリップを使って「回転」

HINT
頂点のグリップでも同様に、スペース キーを使って［ストレッチ］→［移動］→［回転］→［尺度変更］→［鏡像］と切り替えられる。

37 曲線上で図形を等間隔に配置する

曲線から垂線は引ける?

ポリラインやスプラインで作成した折れ線や曲線上に垂直の線を等間隔で引いたり、曲線に沿って図形を複数配置するのはかんたんではない。一見「垂線」オブジェクトスナップでできそうな気がするのだが、曲線上の点から垂直に線を引くのはなかなかむずかしい。そこで[ディバイダ](DIVIDE)コマンドを使う。このコマンドを使うと、割り切れない長さの曲線でも等分割してくれる。曲線を等分割してそれらの分割点から、各セグメントに直角な垂線を引くということも可能だ。

AutoCAD 2012以降のバージョンなら「パス配列複写」(P.90参照)を使うほうがかんたんに同様の結果が得られる。

[ディバイダ](DIVIDE)コマンドでブロックを配置

ここではポリラインを10等分して、それぞれの分割点から各セグメントに直角な垂線を作図する方法を紹介する。垂線はわかりやすいように、旗形状のブロック図形とした。

HINT
ここでは等分割の[ディバイダ](DIVIDE)を使うが、[メジャー](MEASURE)コマンドを使えば距離を指定して配置することもできる。

1 ［ホーム］タブー［作成］パネルにある［ディバイダ］（DIVIDE）コマンドを実行する。

2 「分割表示するオブジェクトを選択:」のプロンプトに対してポリラインを選択し、右クリックして［ブロック］を選択する。

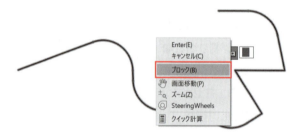

3 コマンドラインに次のように入力していく（入力は下線部）。

> 挿入するブロック名を入力: FLAG
> ブロックを回転させながら挿入しますか？ [はい(Y)/いいえ(N)] <Y>: Y
> 分割数を入力: 10

HINT
ここでは旗が曲線に対して常に垂直になるように自動的に回転して配置するため、2行目で「Y（はい）」を指定している。

4 図のように、旗のブロックがポリラインの各セグメントに直角になるように9箇所（10分割位置）に配置される。端点には配置されない。

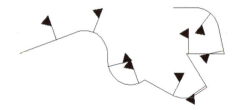

38 マウスで操作する配列複写

グリップ操作もできる配列複写

AutoCAD 2012から配列複写を実行するといきなり結果の図形とグリップが表示され、個数や方向などをマウスによるグリップの操作だけで入力できるようになった。配列複写が終わったあとも、マウスでグリップを操作することで個数や間隔を変更できる。

AutoCAD 2013から配列複写の設定がコマンドラインやダイアログボックスではなく、リボンでできるようになり、わかりやすくなった。

マウス操作で配列複写する

［矩形状配列複写］（ARRAYRECT）コマンドを使って、画面の変化を確認しながら配列複写の個数や方向を指定する。

1 ［矩形状配列複写］（ARRAYRECT）コマンドを実行する。

2 「オブジェクトを選択：」のプロンプトに対して図形を選択すると、まだ個数や間隔も入力していないのに、いきなり図のように3行4列の配列複写された状態で、■や▲のグリップを含む図形が表示される。クリックするグリップによって行数や列数、列間隔などを調整できる。

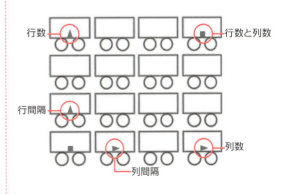

3 右上の「行数と列数」のグリップを選択してマウスを動かすと、行数と列数が変化する。このように画面の変化を確認しながら編集できる。

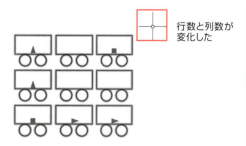

行数と列数が変化した

> **HINT**
> 数値入力などの方法で変更する場合は、リボンに表示される[配列複写作成]タブの[列][行]パネルに数値を入力する。

配列複写図形

AutoCAD 2012から[矩形状配列複写]（ARRAYRECT）コマンドで作られる図形は「配列複写（ARRAY）」という図形タイプになった。

この「配列複写（ARRAY）」図形は、選択したときにグリップやリボンタブが表示され、配列複写した複数の図形をひとまとまりに扱うことができる。

> **HINT**
> システム変数ARRAYASSOCIATIVITYが1のときに、「配列複写（ARRAY）」図形が作られ、0のときは一般の図形のまま配列複写される。

また、「配列複写」図形の元になったオブジェクトを編集すると、他のすべての図形にその変更を反映できる。

1 まず配列複写を選択する。

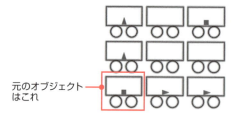

元のオブジェクトはこれ

2 リボンの[配列複写]タブ−[オプション]パネルの[元のオブジェクトを編集]をクリックする。

> **HINT**
> もしくは右クリックして[配列複写]−[元のオブジェクトをインプレイス編集]を選ぶ。リボンから実行しても、右クリックでも実行されるコマンドは同じ[配列複写編集]（ARRAYEDIT）だ。

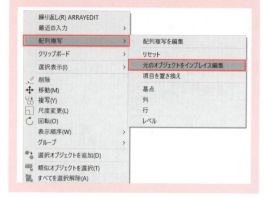

3 「配列複写内の項目を指示：」のプロンプトに対して左下の「元のオブジェクト」（前ページ手順 **1** 参照）を選択すると、図のようなメッセージが表示される。

4 ［OK］ボタンで配列複写編集モードに入り、元の図形を変更、編集できる。ここでは長方形を追加する。

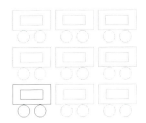

5 編集が終わったら右クリックし、［配列複写編集セッションを閉じる］－［配列複写の編集を保存］を選ぶ。

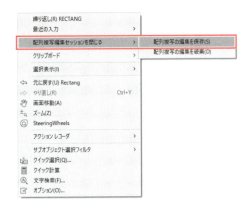

6 元の図形を変更したので、配列複写された他のすべての図形も変更される。

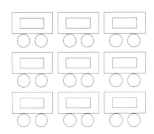

HINT

ある図形を階段状に並べるような配列複写をするには AutoCAD 2011 までの旧型式の［配列複写］（ARRAY）コマンドが便利だ。
旧型式の配列複写はキーボードから「ARRAY CLASSIC」と入力して、図のダイアログボックスを表示させて実行する。

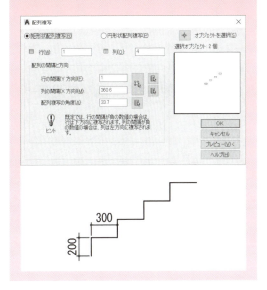

39 折れ線上に図形を配列複写する

折れ線や曲線上に配列複写

AutoCAD 2012から[パス配列複写]というコマンドが登場した。それまでの配列複写は直線状、または矩形状にしかできなかったが、[パス配列複写]を使えば折れ線や曲線上に図形を配列複写できる。また、曲線状に何個並べるかを指定して、等間隔に配列複写したり、図形と図形の間隔を指定して配列複写したりすることも可能になった。

[パス配列複写]で図形を配置

旗の形をした「FLAG」という名前のブロックを用意して、折れ線のポリラインの端点に配置しておく。このブロックを折れ線を10分割した位置に配列複写する。

1 [パス配列複写]（ARRAYPATH）コマンドを実行する。

2 「オブジェクトを選択:」のプロンプトに対して、旗の図形を選択する。この旗はあらかじめポリラインの端点に挿入され、最初のセグメントに直角になるように回転してある。

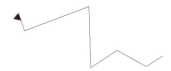

3 「パス曲線を選択：」に対して、折れ線のポリラインを選択したとたんに、図のように旗の図形が配列複写されたプレビューが表示される。

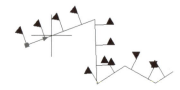

39 折れ線上に図形を配列複写する

4 ポリラインの全長を等分割した位置に図形を配置したいので、右クリックして［方式］を選択する。

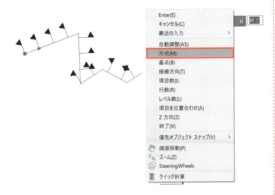

HINT

4〜**6** の操作はリボンでもできる。リボンの［配列複写作成］タブで［オプション］パネルの［メジャー］（方式）から［ディバイダ］を選択し、［項目］パネルの［項目］に「11」と入力する。

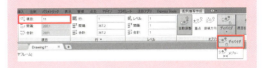

7 Enter キーでコマンドを終了、確定する。図のようにポリラインの10分割位置に旗が配置される。それぞれの旗はポリラインの各セグメントに直角に配置されている。

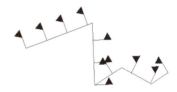

5 さらに［ディバイダ］（「分割」を意味する）を選ぶ。

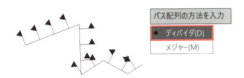

HINT

ポリラインをフィットカーブに変更すると、図のように曲線部に対して直角に旗の図形が配置される。旧来の［ディバイダ］（DIVIDE）コマンドでブロックを配置する方法（P.85）でポリラインをフィットカーブに変更しても、ブロックの位置は変わらない。自動で振る舞いを変える「配列複写（ARRAY）」図形ならではだ。

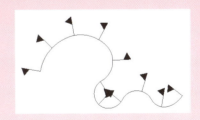

6 10分割したいので、配置する図形の数は11個になる。右クリックして［項目数］を選び、「11」と入力する。

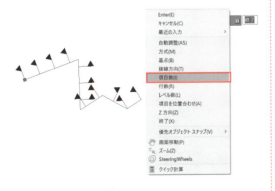

91

40 水平になるように回転

傾いた線や図形を水平に

　[回転]（ROTATE）コマンドは90度回転で使うことが多い。また、「図形のこの線が水平になるように回転」という使い方が多いだろう。傾き角度を計測してから、その角度分を回転で戻して水平にという操作は不正確なので、絶対にしてはいけない。

　残念ながらAutoCADでは、「水平になるように回転」を1回の操作でおこなうコマンドはない。[回転]（ROTATE）コマンドの[参照]オプションを使って、水平にする部分を指定してから回転する。

[回転]で[参照]のオプションを使う

傾いた長方形を、右の図のように長辺が水平になるように回転させる。

1 [回転]（ROTATE）コマンドを実行する。

2 「オブジェクトを選択：」のプロンプトに対して、長方形を選択する。「基点を指定：」に対して長方形の左下コーナーでクリックする。

3 右クリックして［参照］を選択する。

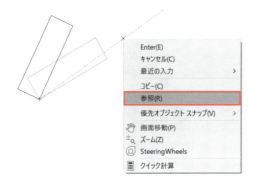

4 「参照する角度：」は1と2の点をクリックして指示する。1-2の線分の水平線からの角度がここでいう「参照する角度」だ。

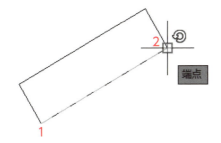

5 「新しい角度を指定：」のプロンプトに対してキーボードから「0 Enter」と入力する。参照する角度つまり1-2の線分の水平線からの角度を0度になるように回転するという意味だ。これで水平な長方形になるような回転操作が完了した。

第6章 移動、複写、削除だけじゃない図形の編集

41 回転して大きさも合わせる

👆 回転だけでなく大きさ変更もしたい場合

「この図形を、別の図形のここにぴったり合わせたい」というのは、なかなか面倒なオペレーションだ。参照する図形の角度分だけ回転して、[尺度変更]コマンドで大きさを変えるのでは大変だ。これらの作業を1回で実行できるのが[位置合わせ](ALIGN)コマンドだ。

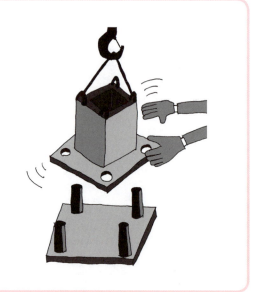

[位置合わせ]の使い方

2つのW図形の位置合わせと大きさ変更をおこなう。

1 [修正]パネルの[両端揃え]をクリックして、[位置合わせ](ALIGN)コマンドを実行する。

ツールチップでは[両端揃え]と表示されるが、正しいコマンド名は[位置合わせ]

2 移動する図形として、「オブジェクトを選択:」のプロンプトに対して下のW図形を選択する。

3 位置合わせは、合わせる点の組み合わせを順にクリックするという方法で指示する。1の点を2の点に、3の点を4の点にと4点を指示する。

41 回転して大きさも合わせる

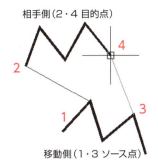
相手側（2・4 目的点）
移動側（1・3 ソース点）

HINT
移動する図形側の点は「ソース点」、相手側の点は「目的点」と呼ばれる。最低この4点の指示が必要だ。

4 点の指定はこれで終了なので、5点目を要求する「第3のソース点を指定 または ＜続ける＞：」のプロンプトに対しては Enter で答える。

5 最後に「位置合わせ点にオブジェクトを尺度変更しますか？［はい（Y）／いいえ（N）］＜N＞：」のプロンプトに対しては「Y Enter 」で答える。移動する図形の大きさを変えて位置合わせするという意味だ。図のように下の図形が大きくなって上の図形に合わされる。

HINT
「位置合わせ点にオブジェクトを尺度変更しますか？［はい（Y）／いいえ（N）］＜N＞：」に対して「N Enter 」で答えると、下の図形は元の大きさのままで方向（回転角度）と位置だけが変更になる。

3次元でも両端揃え

［位置合わせ］（ALIGN）コマンドは、3次元図形でも使える。

1 図の左側にある家の屋根に引かれた十字線に、右の直方体を位置合わせして移動する。位置合わせ用のソース点－目的点は図の6点だ。

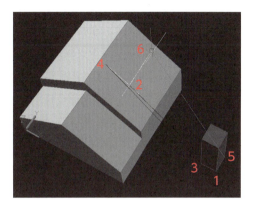

2 6点目をクリックすると、左の直方体は屋根の上に移動する。ここでは3点を位置合わせ点に使ったので「位置合わせ点にオブジェクトを尺度変更しますか？」のプロンプトは表示されず、元の大きさのまま移動する。

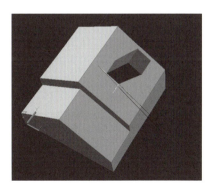

HINT
［3D位置合わせ］（3DALIGN）コマンドでも、ここでおこなったのと同じことができる。ただし、点の指定順序やプレビューの表示が3D専用になっている。

第6章　移動、複写、削除だけじゃない図形の編集

42　図形の重なりと表示

隠したいとき、隠したくないときに

ハッチングで文字が隠れて、何が書かれているかわからない。ワイプアウトを使ったのに、隠したい図形が隠れてくれない。これらはよくぶつかる問題だ。そんなときには表示順序を変更する。ハッチングと文字については、1つのコマンドでそれぞれを最背面と最前面に移動するコマンドも用意されている。

AutoCAD 2011で登場した「透過性」を使う方法もある。詳しくは「51. 透過性を設定する」（P.118）を参照されたい。

表示順序で見せる

文字や寸法が塗りつぶしハッチングによって隠されてしまっている。このようなときは、表示順序を変更して見えるようにする。

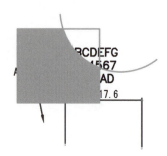

1 ハッチングを選び、右クリックして［表示順序］－［最背面へ移動］を選択する。

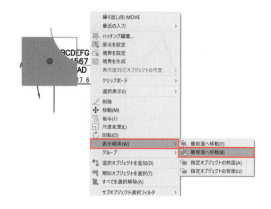

42 図形の重なりと表示

2 図のように文字や寸法、引出線が読めるようになる。

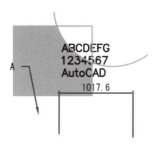

ワイプアウトで隠す

次の図は壁を示す幅100のポリラインに、窓の図形を配置したものだ。ポリラインが窓の位置で切断されているのではない。

同じ位置に作図された3つの図形を移動して並べると次のようになる。表示順序の一番手前に置いたものから、窓の線図形、ワイプアウト、壁のポリラインだ。

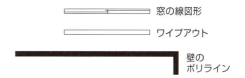

ワイプアウトは他の図形に重なると、下の図形を完全に隠してくれる便利な図形だ。だから表示順序には気をつかう。この例の場合、最背面には壁のポリライン、次にワイプアウト、最前面は窓の線図形と、ワイプアウトできちんと壁のポリラインが隠れるように設定する。

HINT
図面のすべてのハッチングに上記の作業をするのは大変だ。そこで、リボンの[ホーム]タブー[修正]パネルに、図面上のすべてのハッチングを最背面に移動したり、文字を最前面に移動するための以下のコマンドが用意されている。

- [文字を前面に移動]（TEXTTOFRONT T）
- [寸法を前面に移動]（TEXTTOFRONT D）
- [引出線を前面に移動]（TEXTTOFRONT L）
- [すべての注釈を前面に移動]（TEXTTOFRONT A）
- [ハッチングを背面に移動] ※2011以降（HATCHTOBACK）

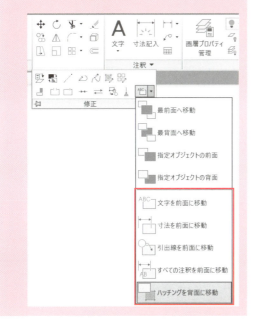

97

43 クイックプロパティで図形修正

連続した図形修正には

たくさんの文字や寸法、あるいはブロックの属性として書かれている文字列を次々と変更したい。CAD操作ではそんなことがよくある。文字列だけでなく画層やスタイルなどのプロパティの変更もよくおこなわれる作業だ。そんなときにクイックプロパティを使う。

クイックプロパティは図形を選択しただけで表示されるため、うるさいじゃまもののように扱われることも多いが、図形修正を連続でおこなうときに便利に使えるツールだ。

クイックプロパティで修正する

クイックプロパティパレットを表示させ、文字を修正する。

1 ここではマルチテキストの「屋外遊技場」を選んで右クリックし、[クイックプロパティ]を選択する。クイックプロパティパレットが表示される。

43 クイックプロパティで図形修正

2 クイックプロパティパレットの「内容」欄に「屋外遊技場」と表示される。この欄右側の□ボタンをクリックしてマルチテキストエディタに入り、文字を修正する。

Caution
書式コードがついて表示される場合もある。

クイックプロパティいろいろ

クイックプロパティパレットの黒文字の欄は変更可能。グレー文字の欄は変更できない。

- 「寸法」のクイックプロパティ

- 「属性のあるブロック」のクイックプロパティ

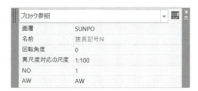

- 「マルチ引出線」のクイックプロパティ

クイックプロパティの表示設定

AutoCADの既定値では、クイックプロパティパレットは、毎回右クリックして選択しないと表示されないようになっている。それではちっとも「クイック」ではないので、図形を選択しただけでクイックプロパティパレットがいつも表示されるように設定する。

1 「オプション」でクリックし、[設定]を選ぶ。

2 「作図補助設定」ダイアログボックスの［クイックプロパティ］タブが表示されるので、「選択時にクイックプロパティパレットを表示する」にチェックを入れる。

HINT
表示設定はステータスバーの［クイックプロパティ］ボタンのオン／オフでも設定できる（ステータスバーに表示されていない時はP.14のHINT参照）。

44 見慣れない単位が表示されているときは

[単位管理]で正しく表示

AutoCAD以外で作られた図面などを開くと、プロパティパレットに表示される角度の表示が「N 68d23'55.7199" E」などの見慣れない単位、長さの表示が「1916 61／64」と分母が64の分数、ひどい場合はフィート／インチ表記となっていることがある。

これではその図面が正しく作図されているかをチェックしたり、正しい長さや角度に修正したりもできない。寸法値などに標準的に使われる単位や丸め精度でプロパティパレットでも表示させるには[単位管理]（UNITS）コマンドを使う。

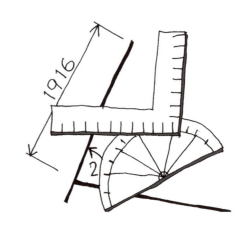

単位を修正する

ある図面を開いて、線分のプロパティを見ると図のように、長さは分数表記で、角度には「N」や「E」などの見慣れない文字が並んでいる。

これはこの図面に設定された単位設定に問題があるので、標準的な単位に修正する。

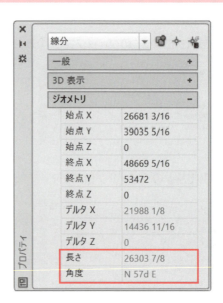

1 アプリケーションメニューから［図面ユーティリティ］－［単位設定］で［単位管理］(UNITS) コマンドを実行し、「単位管理」ダイアログボックスを表示させる。

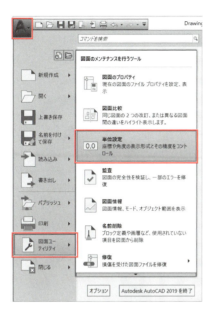

3 先の線分のプロパティをもう一度表示してみると、見慣れた単位になった。

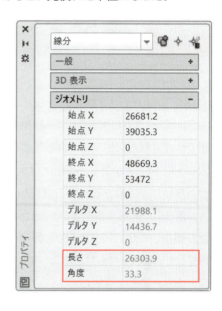

2 「長さ」欄では日本の図面の場合、建築でも機械でも「十進表記」を選ぶ。「建築図面表記」はフィート／インチの単位のことだ。「精度」は適当なものを選ぶが、ここでは「0.0」としておく。

「角度」欄では「度（十進表記）」が普通だ。もしくは「度／分／秒」も業種にとっては使うかもしれない。「精度」は適当なものを選ぶが、ここでは「0.0」としておく。

45 重なっている線を1つに

線が重なっていると

コンピュータプログラムによる自動作図などで作成された図面では、同じ位置に線が重なっていることがある。印刷上は大きな問題はないが、図面が重くなり、パフォーマンスが落ちる。図形が重なっていると図形の数量が重複してカウントされたり、面積計算で想定していない部分も対象になるなどの悪影響があり、図形を選択しようとしてとんでもない図形を選択したりしてしまうこともある。

このような場合、図面上の重なった図形を一気に削除してくれる［重複オブジェクトを削除］（OVERKILL）コマンドが使える。

重複オブジェクトを削除

　AutoCADの［重複オブジェクトを削除］（OVERKILL）は強力だ。線が多少離れていても、一部だけ重なっている状態でも、判定条件を設定して重複を解消し1つの図形にしてくれる。
　ここでは図のような意地悪な状態でテストしてみる。一番下がポリライン、次が破線の線分、一番上が実線の線分だ。それぞれ1mm間隔の隙間で平行に配置した。

1 ［重複オブジェクトを削除］（OVERKILL）コマンドを実行する。

2 「オブジェクトを選択：」のプロンプトに対して3つの図形を選択すると、図のような「重複オブジェクトを削除」ダイアログボックスが表示される。
ここでは1mmずつ離れた3本の線図形も重なっていると判定させるために、「許容値」は「5.0」と入力した。色や画層、線種が違っていても1つの図形にするので「色」、「画層」、「線種」にチェックを入れた。

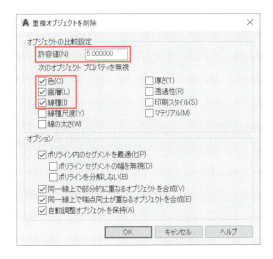

3 この設定で［OK］ボタンをクリックすると、図のように実線・破線・ポリラインの重複していた部分が解消され、少し傾いた1本の線分になった。線種は破線になった。

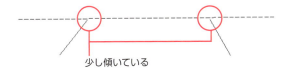

少し傾いている

HINT
「重複オブジェクトを削除」ダイアログボックスで「ポリラインを分解しない」にチェックが入っていなかったので、ポリラインは線分に分解された。

AutoCADの達人が教えてくれる ベストテクニック100
AutoCAD 2019対応
FAX：03-3403-0582　メール：info@xknowledge.co.jp

●**本書記事に直接関係する質問のみ受け付けております**

本質問シートはコピーしてお使いください。必須事項に記入漏れがある場合は回答できません。また、ご質問の内容によっては回答できない場合がございます。なお、回答には日数を要する場合がございます。お電話による質問はお受けできません。

●**下記のような内容の質問は受け付けておりません**

OSの操作方法やデータコピーなどパソコンの基本操作／記事に直接関係のない操作方法／環境固有の設定（特定の機種向け設定など）／付録CD-ROMの動作に関する内容

◆必須項目◆

ふりがな

氏名　　　　　　　　　　　　　　　　　　年齢　　　歳　　　性別　**男・女**

回答送付方法（○印をつける）　　**FAX・メール**（電話による回答はいたしておりません）

回答送付先（FAX番号またはメールアドレス）
FAX

メールアドレス

ご質問の内容（記事のページ数、具体的な内容）　※例「○ページのSTEP12の3番までは正しく操作できるが、4番では例と異なる別紙のような結果となる。」

【本書　　　ページ】

ご使用のAutoCADのバージョンとパソコンの環境　（AutoCADのバージョン、パソコンのメーカー名・機種名、OSの種類とバージョン、メモリ量、ハードディスク容量など）※ 質問内容によってはこの欄が記入されていないと回答できない場合がございます。

アンケートにご協力ください

◇さしつかえなければ以下のアンケートにご協力ください。

職業（勤務先・学校）	部署名	役職	業種	職種

勤務先住所
〒

自宅住所

メールアドレス

エクスナレッジ発行の書誌でご愛読書があればおかきください。

弊社発行以外の出版物でご愛読書があればおかきください。

今後弊社から出版してほしい出版物があればおかきください。

第7章

AutoCADらしい図形ーポリライン、ワイプアウト、ハッチング、ブロック

　AutoCAD以外のCADソフトにはないこともあるが、AutoCADらしい図形というのがある。連続線のポリライン、下の図形を隠すワイプアウト、色をつけて塗りつぶすハッチング、複数の図形を1つにまとめるブロックだ。

　これらの図形の特徴をよく理解し、使いこなすことがAutoCAD達人への近道だ。反りのあるお寺の屋根を表現するのにはポリラインをどう使うのか、建具記号ブロックはどう作れば効率的か、用途別に部屋に色をつけて塗り分けたい、そんなときにどの図形とコマンドを使えばいいか、すぐ実用になることを心がけて解説した。

第7章　AutoCADらしい図形－ポリライン、ワイプアウト、ハッチング、ブロック

46 AutoCADで使われる曲線

👆 曲線の種類を使い分ける

AutoCADにはたくさんの種類の曲線がある。折れ線のポリライン、カーブフィットされたポリライン、スプラインフィットされたポリライン、スプライン、円、楕円などだ。

どのような場面でどの図形を使えばいいか、ベテランでも迷うことがある。また誤って使われている場合も多い。

ここではテクニックではないが、これらの曲線の種類による特徴を整理してどのように使うかを確認しよう。

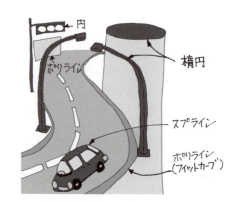

ポリライン

● 折れ線のポリライン

ポリラインにはいくつか種類があり、線幅を持たせることができるのは2次元で同一平面上のポリラインのみだ。［ポリライン］（PLINE）コマンドで作られるこの2次元のポリラインのことを正確には「LWPOLYLINE」（フイトウェイトポリライン）という。

一般的な折れ線のポリライン

> **HINT**
> これに対して3次元のポリラインは、幅を持たせることはできない。セグメント内に円弧を含むこともできない。［3Dポリライン］（3DPOLY）コマンドで作られる「POLYLINE」（ポリライン）というオブジェクトだ。

106

2次元ポリラインは各セグメントの始・終点に異なった線幅を設定できるので、矢印図形を作図できる。

以下は始点での線幅5、終点での線幅5、次のセグメントの始点での線幅15、終点での線幅0という設定のポリラインを作図するコマンドラインだ。

```
コマンド: PLINE
始点を指定:     1の点を指定
現在の線幅は 0.0
次の点を指定 または [円弧(A)/2分の
1幅(H)/長さ(L)/元に戻す(U)/幅
(W)]: W
始点での幅を指定<0.0>: 5
終点での幅を指定<5.0>: 5
次の点を指定 または [円弧(A)/2分の
1幅(H)/長さ(L)/元に戻す(U)/幅
(W)]:     2の点を指定
次の点を指定 または [円弧(A)/閉じ
る(C)/2分の1幅(H)/長さ(L)/元に戻
す(U)/幅(W)]: W
始点での幅を指定<5.0>: 15
終点での幅を指定<15.0>: 0
次の点を指定 または [円弧(A)/閉じ
る(C)/2分の1幅(H)/長さ(L)/元に戻
す(U)/幅(W)]:     3の点を指定
```

● カーブフィットのポリライン

［ポリライン編集］（PEDIT）コマンドで、折れ線を「フィットカーブ」と呼ばれるなめらかな線に変更することができる。各頂点の位置と数はそのままで直線と円弧のセグメントで構成され、なめらかに見せている。

元の折れ線ポリラインの頂点を必ず通過するように、かつなめらかにつなぐ円弧を補間している。道路などで通過点が決まっていて、かつ可能なかぎりなめらかなカーブとしたいときにこの曲線を使う。

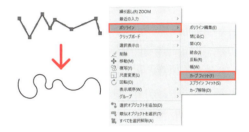

● スプラインフィットのポリライン

ポリラインを［ポリライン編集］（PEDIT）コマンドでスプラインと同じように見せるスプラインフィットのポリラインにするメニューも用意されている。スプラインのような振る舞いをするポリラインができる。

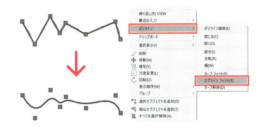

スプライン

AutoCADのヘルプによれば、スプラインとは「3次多項式の連続する複数の曲線セグメントを合成したもの」だそうだ。筆者は要するに、指定された点を通過する、できるだけなめらかな曲線と解釈している。スプラインは［スプライン］（SPLINE）コマンド（リボンからは［ホーム］タブ－［作成］パネルの［スプラインフィット］または［スプライン制御点］）で作成する。

通過する頂点とともに制御点と呼ばれる点を表示させることができ、この制御点グリップの移動で微妙に曲線の形状＝デザインを変更できるのがスプラインの特徴だ。

頂点を通過するという制約から離れたので、自然でなめらかな線になる。たとえば浴室の壁にかけられたシャワーホースなどは、このスプラインで表現する。

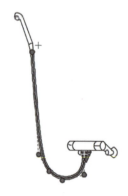

円と楕円

円や楕円はいずれも2次方程式で表される曲線だ。その一部分を切り取っても円（円弧）、楕円としての性質はそのまま維持される。

円を斜めから見た図形や、パイプの切り口を作図するときは楕円を使う。しかし楕円はオフセットすると楕円としての正確性が失われ、スプラインになる。パイプの切り口を作図していてパイプ径が変更になったからといってオフセットしてはいけない。このようなときは変更された長軸と短軸からもう一度楕円を作成するか、現在の楕円のグリップを使って軸の長さを変更する。

パイプの切り口を2次元で作図するときは楕円を使う

図形の種類を変更する

● ［分解］（EXPLODE）コマンドを使う

ここで紹介した曲線はそれぞれ長所・短所を持っているので、見た目はなるべく変えずにその種類を変えたいことがある。［分解］（EXPLODE）コマンドを使うと、実行後の図形の種類が下記のように変更される。

元の図形の種類	分解後の図形の種類
折れ線のポリライン	線分
カーブフィットされたポリライン	円弧
スプラインフィットされたポリライン	短い線分
スプライン	（分解できない）
円	（分解できない）
楕円	（分解できない）

● その他、図形の種類を変えるコマンド

いくつかの特別な方法で曲線の種類を変換できる。円弧を［ポリライン編集］（PEDIT）コマンドでポリラインにして線幅を持たせるというようなテクニックだ。

たとえば、機械加工のために短い直線の集まりとして楕円を表現する必要がある。そういう場合は以下の3段階の手順をおこなう。

1. 楕円をオフセットしてスプラインに
2. スプラインをスプライン編集でポリラインに
3. ポリラインを分解して線分に

曲線の種類を変えるコマンドとその結果図形は下記のようになる。

元の図形の種類	使用するコマンド	実行後の図形の種類
スプラインフィットされたポリライン	［スプライン］（SPLINE）	スプライン
スプライン	［スプライン編集］（SPLINEDIT）	ポリライン
円弧	［ポリライン編集］（PEDIT）	ポリライン
楕円	［オフセット］（OFFSET）	スプライン

47 ばらばらの線分を1本のポリラインに

👉 線分をつなげて1本のポリラインに

連続していない線分を1本のポリラインにすることができる。たとえば、敷地の境界線として作図した線分を1本のポリラインにしたいときなどに使えるテクニックだ。また、別々の線分で囲まれたハッチングの境界線をポリラインの一筆書きで作成したいときなどにも使うことができる。

ばらばらの線分を1本のポリラインにするには、[ポリライン編集](PEDIT)コマンドの[一括]オプションを使う。

線分をポリラインにしてつなげる

これは8本の線分で構成されている図形だ。各コーナーで線分はつながっておらず、1mmから2mmの隙間が空いている。これを1本のつながったポリラインにする。

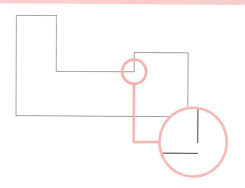

1 [ポリライン編集](PEDIT)コマンドを実行する。

ポリライン編集

2 まとめてポリラインに変換するので、ここでは右クリックして［一括］のオプションを選択する。

3 対象の8本の線分をまとめて選択し、確定する。

4 ここからの［ポリライン編集］(PEDIT)コマンドのオプションは、コマンドラインを確認しながら入力したほうがわかりやすいので、キーボードから入力する。次の下線部がキーボードからの入力だ。ここでは許容距離を10として、10以内の隙間なら自動的につなぐようにした。

```
線分、円弧、スプラインをポリラインに変更しますか？ [はい(Y)/いいえ(N)]? <Y>Y
オプションを入力 [閉じる(C)/開く(O)/結合(J)/幅(W)/フィットカーブ(F)/スプライン(S)/カーブ解除(D)/線種生成モード(L)/反転(R)/元に戻す(U)]: J
許容距離を入力 または [結合タイプ(J)] <0.0>: 10
7 セグメントがポリラインに追加されました。
オプションを入力 [閉じる(C)/開く(O)/結合(J)/幅(W)/フィットカーブ(F)/スプライン(S)/カーブ解除(D)/線種生成モード(L)/反転(R)/元に戻す(U)]: C
オプションを入力 [閉じる(C)/開く(O)/結合(J)/幅(W)/フィットカーブ(F)/スプライン(S)/カーブ解除(D)/線種生成モード(L)/反転(R)/元に戻す(U)]: Enter
```

5 図のように8本の線分が1本の閉じたポリラインに変換される。

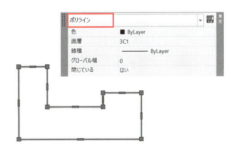

第7章　AutoCADらしい図形−ポリライン、ワイプアウト、ハッチング、ブロック

48 ポリライン、ハッチング境界に頂点を追加

新旧の頂点追加方法

たとえば部屋の領域や仕上げの範囲などが変更になったとき、ハッチングの境界やポリラインを作成し直すのは大変だ。ハッチングの境界はAutoCAD 2010から、ポリラインの場合はAutoCAD 2011から、グリップを使って一操作で頂点を追加することができるようになった。これで境界線を頂点で調整し、ハッチングを追随させれば、かんたんに領域変更ができる。

従来からの[ポリライン編集]（PEDIT）コマンドを使ってポリラインに頂点を追加する方法も紹介する。

グリップを使って頂点を追加

AutoCAD 2010からグリップを使ってハッチングの境界に頂点を追加する方法が使えるようになった。

右のハッチングは自動調整でないハッチングだ。「自動調整」に設定されたハッチングなら、境界となる図形が必ず存在する。その境界線の形状が変更になれば自動的にハッチングの形状も変更になるが、自動調整でないハッチングの場合は境界となる図形がないので、手動でハッチングそのものの境界に頂点を追加するなどの措置が必要になる。

1 右の辺の中間のグリップにカーソルを重ね（クリックしない）、メニューが表示されたら[頂点を追加]を選択する。

112

48 ポリライン、ハッチング境界に頂点を追加

2 新しい頂点でクリックする。

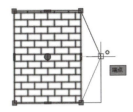

3 右下コーナーのグリップも**2**に合わせて変更したいので移動する。ハッチングの形状変更が完了だ。

HINT
AutoCAD 2011以降のバージョンであればポリラインでも同じ操作が可能。

[ポリライン編集]コマンドで頂点を追加

どのバージョンでも使える［ポリライン編集］（PEDIT）コマンドを使って、ポリラインの途中に頂点を追加する。図の長方形上辺の真ん中に頂点を追加する。

1 長方形のポリラインを選んで右クリックし、［ポリライン］-［ポリライン編集］を選ぶ。

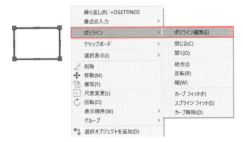

2 「オプションを入力」に対し、［頂点編集］を選択する。

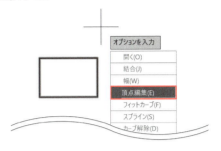

3 この時点でポリライン上に「現在の編集対象の頂点」を示す×印が表示される。

4 「N Enter」を2回入力して図の位置に×印を表示する。「頂点編集のオプションを入力」に対し、［挿入］を選ぶ。

5 新しく挿入する頂点の位置でクリックする。

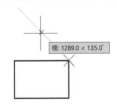

6 「頂点編集のオプションを入力」に対し、［終了］で確定する。

113

49 自動調整ハッチングに変更

自動調整への変更には境界図形が必要

「自動調整」とは境界の図形が変更になったとき、それに追随してハッチングも自動的に変わるという意味だ。自動調整でないハッチングの場合は境界図形が存在しないので、自動調整にしたい場合には、境界となる図形を生成しなければならない。

この「自動調整に変更する」方法は、一般のハッチング編集コマンドだけではできない。唯一リボンの[ハッチングエディタ]タブにある[境界を再作成]で変更することができる。

プロパティパレットで変更しようとすると

　図のハッチングは境界となる図形のない、非自動調整のハッチングだ。これを自動調整ハッチングに変更する。

1 このハッチングのクイックプロパティパレットを見ると「自動調整」の項目が「いいえ」になっているので、「はい」に変更してみる。

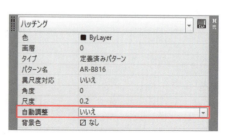

2 「応用できません」というエラーメッセージが表示される。

Caution
「自動調整」の項目は「はい」を「いいえ」にして自動調整から非自動調整に変更することは可能だが、「いいえ」から「はい」にして非自動調整から自動調整に変更することはできない。

自動調整ハッチングに変更

自動調整ハッチングに変更するコマンドがリボンに用意されている。

1 図面上のハッチングを選択するとリボンタブが［ハッチング エディタ］タブに自動的に切り替わる。［境界］パネルにある［再作成］をクリックする。

再作成

2「境界オブジェクトのタイプ」は［ポリライン］を選択する。

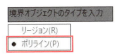

3「ハッチングを新しい境界に対して再度自動調整しますか？」のプロンプトに対して、ここで自動調整ハッチングに切り替えるので［はい(Y)］でこたえる。これで非自動調整のハッチングが自動調整ハッチングに変更された。

境界オブジェクトのタイプを入力 [リージョン(R)/ポリライン(P)] ＜ポリライン＞: P
ハッチングを新しい境界に対して自動調整しますか？ [はい(Y)/いいえ(N)] ＜Y＞: Y

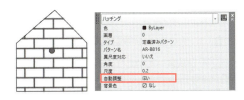

Caution
ハッチングを選択して右クリックで表示されるメニューに［境界を設定］や［境界を生成］があるが、いずれも図形を自動調整ハッチングにするコマンドではない。［境界を設定］は図面上の別の閉じたポリラインを選択して指示したハッチングの境界線とする。［境界を生成］は図面上のハッチングの周囲に新たにポリラインの境界を作成する。ハッチングのプロパティは変わらない。

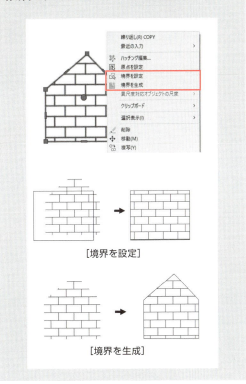
［境界を設定］

［境界を生成］

50 原点指定でつながるハッチング

離れた領域も1つのハッチングに

飛び地になったここことあちら、続けて数箇所をクリックして1つのハッチングとして扱いたい、またタイルのハッチングなので原点の位置が決まっている…という場合はハッチングを開始するときのオプションで設定しておく。

ハッチング原点の設定はハッチング作成後の編集でおこなうこともできるが、ハッチング作成時にプレビューを見ながら設定するほうが手順も少なく効率的だ。

原点を指定して複数領域にハッチング

図の3つの領域にまたがるハッチングを作成する。また、1枚のタイルのコーナーが一番大きな領域の左下になるようにハッチング原点を設定する。

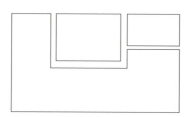

1 [ハッチング](HATCH)コマンドを実行する。

2 リボンが[ハッチング作成]タブに切り替わる。[原点]パネルの[原点設定]をクリックする。

3 ハッチング領域の原点として図の点を指定する。

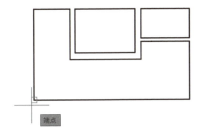

4 [オプション]パネルを展開して[独立したハッチングを作成]が選択されていない(色がついていない)状態にする。

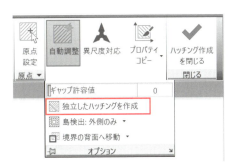

5 各ハッチング領域の内側を順にクリックする。

6 Enter でハッチング作成を終了する。任意のハッチングの上でクリックして選択すると図のようにハッチング全体が選択された。タイルが領域の左下から割り付けられている。

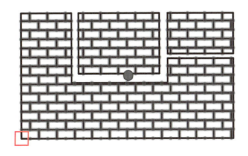

HINT
ばらばらの各領域で独立したハッチングを作成してしまってから1つのハッチングに変更することはできない。逆に複数の領域でも1つになっているハッチングを分離して、それぞれ独立したハッチングにするのはハッチングの編集で可能だ。

第7章　AutoCADらしい図形－ポリライン、ワイプアウト、ハッチング、ブロック

51 透過性を設定する

透過性はこんなときに使う

AutoCAD 2011から使えるようになった「透過性」は、おもにプレゼンテーションで使われている。文字や線を隠さずに一部の範囲を着色できるため、部分的な強調や色分けによるわかりやすい表現が可能だ。

色や線の太さなどのプロパティと同じように、画層に設定して個々のオブジェクトでは「透過性＝ByLayer」とすることもできるし、画層に関係なくオブジェクトごとに「透過性＝30」などと数値指定することもできる。透過性を画層に設定するか、オブジェクトごとに設定するか、とくに決まりはないのでケースバイケースでいいだろう。

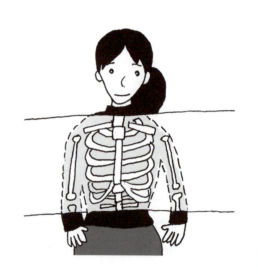

オブジェクトでの透過性の設定

次の図は建物の配置を示す平面図に、用途を示す範囲を重ねて色塗りしたものだ。半透明の色塗りなので、下にかかれた平面図の線が読み取れる。

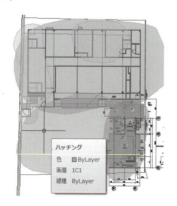

1 任意の塗りつぶしのハッチングを作成する

2 ［ハッチング作成］タブで「透過性の値」を設定する（ここでは「50」）。

HINT
透過性は数字が大きくなるほど透明になることを意味し「100」がもっとも大きく、「0」が一般の不透明な図形だ。

118

画層ごとに透過性を設定

図はソリッドをいくつか置いたモデルだ。ワイヤフレーム表示している。

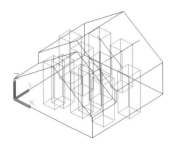

このまま「コンセプト」というソリッドの表示スタイルに変更した。建物の中がどうなっているかがよくわからない。建物の置かれた画層「3C1」に透過性を設定する。

1 「画層プロパティ管理」パレットで「3C1」画層を選び、「透過性」の値を「50」とする。これで「3C1」画層に置かれるすべての図形に透過性「50」が設定された。

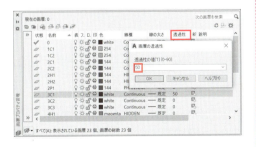

2 建物が半透明になり、中の様子も表現できた。

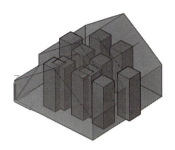

透過性を印刷

1 印刷のパフォーマンス優先のためAutoCADの既定値では「透過性を印刷」にチェックが入っていない。透過性を反映した印刷とするには、忘れずにこの「透過性を印刷」にチェックを入れる。

2 「透過性を印刷」にチェックを入れた場合と入れない場合の印刷結果を比較してみる。

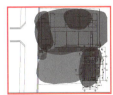

「透過性を印刷」あり　　「透過性を印刷」なし

第7章　AutoCADらしい図形－ポリライン、ワイプアウト、ハッチング、ブロック

52 ブロックに属性を追加する

ブロック、属性とは

「ブロック」とはいくつかの図形を集めてひとかたまりにし、1つの図形として使えるようにしたものだ。そこに文字列が含まれる場合はその内容を入れ替えたいことがある。図面タイトルのブロックでロゴは変わらないが、工事名や日付は変わる。通芯記号では円図形は変わらないが中の記号文字は変わる。

これらのブロックの中に含まれる、内容の変わる文字列が「属性」だ。

ブロックに属性を設定する

図のような図面枠を作成する。枠線とロゴは線分、ポリライン、円で、会社名や登録番号などの固定した文字列はマルチテキストやテキストで記入しておく。

図面枠に記入すべき要素として工事ごと、あるいは図面ごとに変わる次のような文字列がある。これらをブロックの属性として設定し、上記の図面枠に配置する操作を説明する。

1. 工事名
2. 図番
3. 図面名
4. 縮尺
5. 作成日

HINT
この図面枠ファイルは完成すると、ブロックとして挿入するために使う。このため左の文字列は一般の「文字」ではなく「属性」という特別な図形(オブジェクト)になる。「属性」はブロックの中でのみ使われる。

1 ［挿入］タブー［ブロック定義］パネルの［属性定義］（ATTDEF）コマンドを実行する。

2 「属性定義」ダイアログボックスが表示されるので、「工事名1」属性の入力や文字の位置合わせを設定し、［OK］ボタンでダイアログボックスを閉じる。そして、「始点を指定:」のプロンプトに対して図面上で位置を指定する。

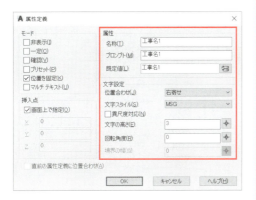

3 「工事名1」という属性が配置される。同様に図面枠に記入すべき、すべての要素の属性定義をおこなう。

4 属性定義が終了したら図面枠のDWGファイルができあがったので、「図面枠.dwg」として保存する。

5 このファイルをブロックとして図面に挿入すると、図のダイアログボックスが表示される。属性値を入力して［OK］ボタンをクリックする。図面上にはこの属性値が表示される。

HINT

システム変数ATTDIAの値によって、挿入時に属性の値の入力方法が変わる。ATTDIA＝1のときはダイアログボックス、ATTDIA＝0のときはコマンドラインで値の入力を求められる。コマンドラインでは以下のように入力する（入力は下線部）。

```
属性値を入力
工事名1 <工事名1>: A小学校
工事名2 <工事名2>: 体育館新築工事
図面名 <図面名>: 1階平面図
図番 <31>: 14
縮尺 <1/100>: 1/100
作成日 <2018年 3月14日>: 2018年 3月14日
```

6 属性値の反映されたブロック「図面枠」が図面に挿入される。

> **HINT**
> 属性を含むブロックを選択してダブルクリックすると、「拡張属性編集」ダイアログボックスが表示される。ここで属性値を自由に変更することができる。

属性を使ったブロックの例

属性を使えば、ブロックそのものを入れ替えずに文字データのみを変更することができる。また、属性値を書き出して集計表にすることもできる。ここではいくつかの属性を使ったブロックの例を紹介する。

1 断面記号に属性

2 風船記号に属性

3 建具記号に属性

4 溶接記号に属性

5 電気部品シンボルに属性

6 梁リストの各セルに属性

53 属性をまとめて更新する

属性の更新には［属性同期］が必要

属性を含むブロックはその振る舞いに少しやっかいなところがある。属性のないブロックならブロックエディタで形状などを変更すると、図面上のブロックすべてが更新され新しい形状に変更されるが、属性を含むブロックはそうはいかない。

［属性同期］（ATTSYNC）というコマンドを使わないと、変更を図面上にすでに配置したすべてのブロックに反映することができないようになっている。

ブロックエディタで属性を追加・変更

図のような建具記号がある。それぞれ2つの属性が配置されている。この上下の記号を入れ替えて上段に数字がくるようにし、さらに防火設備を示す「防」の文字も入るようにしたい。

そのためにまず、ブロックの定義をブロックエディタで変更する。

1. 1つのブロックを選び、右クリックして［ブロックエディタ］を選択する。

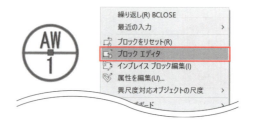

2. ブロックエディタで属性を追加する変更を加え保存し、ブロックエディタを閉じる。

［属性同期］（ATTSYNC）コマンドで更新

保存しただけでは現在の図面にあるブロックは最初に選択したブロックを含めて変更されない。属性を含むブロックを「更新」する必要がある。

1. ［挿入］タブ−［ブロック定義］パネルにある［属性同期］（ATTSYNC）コマンドを実行する。

2. 「オプションを入力 ［一覧（?）／名前（N）／選択（S）］＜選択＞：」のプロンプトに対して「S Enter」と入力し、「ブロックを選択：」でどれか1つの建具記号ブロックを選択する。「ブロック建具記号Nの属性を同期化しますか?」に「はい（Y）」でこたえると、図のようにすべてのブロックが新しい属性に更新される。すでに入力された属性値（数字の1〜5）はそのまま正しく維持される。

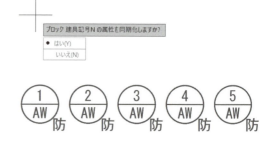

54 使いやすくなった雲マーク

フリーハンドじゃなくてもかける！

ある範囲を囲んで強調するのが雲マークの役割だ。AutoCAD 2015以前の雲マークはカーソルの動きに追随して作成される「フリーハンド」しかなく、つい余計なところにカーソルが動き、思った範囲をうまく囲むことができなかった。また雲マークの変更も雲の一部の円弧だけが変更されるなどして、結局作りなおすことになるのが落ちだった。AutoCAD 2016から「雲マーク」作成や変更がかんたんになり、使いやすくなった。

雲マークの作成

雲マークの作成は対角の2点を指示して長方形のように作図する「矩形状」、いくつかの点を指示して囲む「ポリゴン状」、AutoCAD 2015以前と同じカーソルの動きに追随して作図する「フリーハンド」の3つの方法を選ぶことができる。

Version
以降の操作はすべて2016バージョン以降に対応。

1 [注釈]タブー[マークアップ]パネルの[雲マーク](REVCLOUD)コマンドを実行する。

2 右クリックして[矩形状]、[ポリゴン状]、[フリーハンド]のいずれかを選択する。

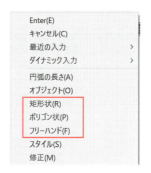

・[矩形状]の雲マーク

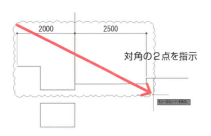

- [ポリゴン状]の雲マーク

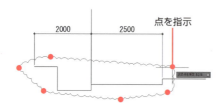

- [フリーハンド]の雲マーク

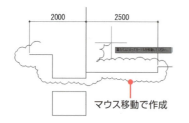

雲マークの範囲変更

雲マークの範囲は[修正]オプションで変更できる。作成した雲マークに新しい範囲を追加する。

1 [雲マーク](REVCLOUD)コマンドを実行し、右クリックして[修正]を選択する(前ページ参照)。

2 「修正するポリラインを選択」と表示されるので、範囲を変更する雲マークを選択する。

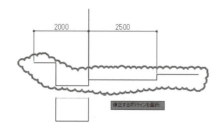

3 クリックした位置から雲マークの作図がはじまるので、追加する範囲に雲マークを作成する。元の雲マークと交差した点(終点)で「削除する側をクリック」と表示されるので、図の始点と終点の間にある元の雲マーク上でクリックする。

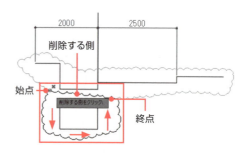

HINT
この範囲外の元の雲マークでクリックすると、元の雲マークは削除され、追加で作成した雲マークだけが残る。

4 追加した雲マークが先に選択した雲マークと合わされ、範囲が変更される。

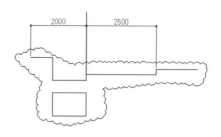

一般の図形を雲マークに変更

線分や長方形、円など図形を雲マークに変更するには[雲マーク](REVCLOUD)コマンドの[オブジェクト]オプションを選択し、変更したい図形を指定する。

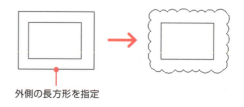

第8章

このツールを使ってこその AutoCAD

　図面をきれいに清書する道具としてだけAutoCADを使っているのではもったいない。単なる製図以外にたくさんのツールがAutoCADには用意されている。作図、編集というカテゴリーにおさまらない便利ツールをここでは紹介する。
　断面性能や面積は自動計算してくれる、図形が変更になればその面積値の文字も変わる、複数の図面を同時に開いて相互に図形をやり取りしながらの作業もコンピュータを使うCADだからあたりまえだ。ぜひコンピュータを使っているメリットを最大限生かした設計製図にチャレンジされたい。

第8章　このツールを使ってこそのAutoCAD

断面性能を書き出す

断面性能の自動計算

　機械でも建築でも強度の検討には「断面性能」を使う。AutoCADではこの断面性能を自動で計算してくれる。

　[マスプロパティ]（MASSPROP）コマンドを使うと断面性能がテキストファイルに表示される。断面性能を表示させるには、ポリラインで作成した図形を「リージョン」という2次元の範囲を示すオブジェクトに変換しないといけない。

断面性能を表示する

　図はH形鋼、H-200×100×5.5×8の断面だ。この断面の断面性能を表示させる。この断面はポリラインで作成されている。

1 まず、ポリラインをリージョンに変換する。[リージョン]（REGION）コマンドを実行する。

128

55 断面性能を書き出す

2 「オブジェクトを選択：」に対してポリラインを選択すると、「1個のループが抽出されました。1個のリージョンが作成されました。」と表示され、ポリラインはリージョンに変換された。見た目は何も変わらない。

3 キーボードから「MASSPROP Enter」と入力して［マスプロパティ］（MASSPROP）コマンドを実行し、このリージョン図形を選択する。次のようにテキスト表示される。

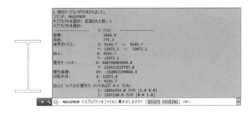

4 「マスプロパティをファイルに書き出しますか？」のプロンプトに対して、「Y Enter」で答えると拡張子「.mpr」のファイルに書き出される。このファイルはテキストファイルなのでExcelでも開ける。Excelに書き出せば、断面2次モーメント（主慣性モーメント）などの数値から断面係数などが算出できる。

各数値の意味

それぞれの数値の意味は次のようになる。

- 面積 ： 2666.9

mm^2で断面積を示す。cm^2で表すと100で割って26.67cm^2になる。

- 周囲 ： 775.3

周長を示す。リージョンにする前のポリラインの長さと同じだ。

- 図心 ： X: 9193.7
　　　　　Y: 12972.1

図心の位置を示す。正確な計算をさせるには、図心がX＝0、Y＝0の原点になる位置に全体を移動してから［マスプロパティ］（MASSPROP）コマンドを実行したほうがいいだろう。

- 図心についての主慣性モーメントおよびX-Y方向：
　　I: 18056554.0 方向 [1.0 0.0]
　　J: 1337138.9 方向 [0.0 1.0]

断面の強さ（剛性）を示す断面2次モーメント、Ix（I）とIy（J）だ。cm^4に換算するため、10000で割るとIx＝約1810cm^4、Iy＝約134cm^4になる。

129

第8章　このツールを使ってこそのAutoCAD

56 電卓機能でこんなことができる

クイック計算

AutoCADには「クイック計算」という電卓機能が付いている。しかも関数や変数への代入機能が付いた高級電卓だ。関数電卓として使えるのはもちろんだが、さらに図面上の図形と連携する機能もある。たとえば2点間を指定するだけで2点間の長さや角度などが表示され、その値を使って計算できる。計算結果をコマンドラインに貼り付けることも可能だ。

線分の平均長さを求める

図面上に3本の線分がある。これら3本の線分の平均長さを計算する。

1 [表示] タブ−[パレット] パネルの [クイック計算]（QUICKCALC）コマンドを起動して、[クイック計算] パネルを表示させる。

56 電卓機能でこんなことができる

2 入力ボックスに「(」を入力してから、[2点間の距離] ボタンをクリックし、任意の線分の始点と終点をクリックする。次に「+」を入力し、もう一度 [2点間の距離] ボタンをクリックして次の線分の始点、終点というように3本の線分の長さを「+」でつないで、「)」で閉じ、最後に「/3」を入力する。

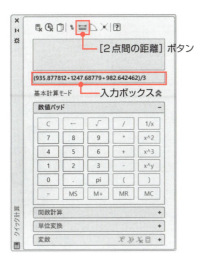

3 [=] ボタンをクリックすると、答え（ここでは「1055.40269」）が表示される。入力した数式は「履歴領域」に移動する。いつでもこの数式は再利用することができる。

三角関数を使う

[クイック計算] パネルには、関数も図面作図で使うのに十分な種類がそろっている。三角関数を使って、線分1から線分2へ垂線をおろした点から線分1までの距離を計測してみる。

1 前項と同様の方法で図の線分1の長さと、線分2の角度を使って次の計算をする。

447.215737*sin(90-27.1974763)*cos(90-27.1974763)

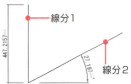

2 答えは181.80426となった。図面上の作図でもこれを確認してみる。

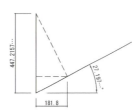

131

第8章 このツールを使ってこそのAutoCAD

57 足す・引くが自在な面積計算

表示、確認しながら面積を計算

　たとえば公園の図面を作っていて、芝生部分の面積を確認したり、芝生部分にある噴水は面積から引いておく必要があるとする。このようなとき図面上のポリラインで囲まれた範囲の面積を次々と表示させ、確認しながらそれぞれを加算・減算して結果を得るということが［面積計算］（AREA）コマンドでできる。

　正しい範囲かどうか、図面上で確認しながら面積を表示させることが大切だ。

図形を指示して面積計算

　図の2つの長方形の面積から4つの円の面積を引いた面積の合計を表示・計算する。

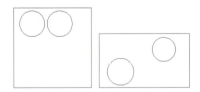

1 キーボードから「AREA Enter」と入力して、［面積計算］コマンドを実行する。まず、長方形の面積を加算するので、右クリックして［面積を加算］を選択する。

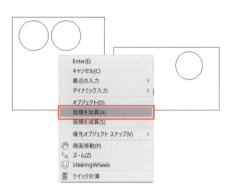

2 続けて右クリックし、［オブジェクト］を選択する。コマンドラインには

　　(加算モード) オブジェクトを選択：

と表示されるので、左の長方形を選択する。

選択した範囲の面積が半透明の緑色で塗られる。

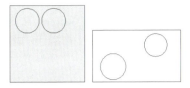

3 続けて右側の長方形も選択する。

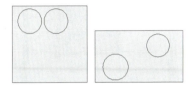

4 コマンドラインにはそれぞれの長方形の面積と合計した面積が表示される。

> (加算モード) オブジェクトを選択:
> 領域 = 12416166.9, 周長 = 14094.7
> 総面積 = 12416166.9
> (加算モード) オブジェクトを選択:
> 領域 = 9806800.0, 周長 = 13001.8
> 総面積 = 22222967.0

5 次は円の部分を引き算するので、右クリックして [面積を減算] を選ぶ。

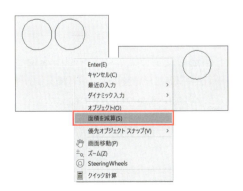

6 続けて右クリックし [オブジェクト] を選んで4つの円を順に選択する。図のように円の面積が塗りつぶし表示される。

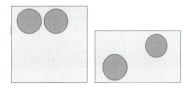

7 この時点でコマンドラインには次のように表示された。

> コーナーの 1 点目を指定 または [オブジェクト(O)/面積を減算(S)]: S
> コーナーの 1 点目を指定 または [オブジェクト(O)/面積を加算(A)]: O
> (減算モード) オブジェクトを選択:
> 領域 = 1000591.8, 円周 = 3546.0
> 総面積 = 21222375.2
> (減算モード) オブジェクトを選択:
> 領域 = 1000591.8, 円周 = 3546.0
> 総面積 = 20221783.4
> (減算モード) オブジェクトを選択:
> 領域 = 1099624.4, 円周 = 3717.3
> 総面積 = 19122159.0
> (減算モード) オブジェクトを選択:
> 領域 = 867529.4, 円周 = 3301.8
> 総面積 = 18254629.6

目的の2つの長方形から4つの円を引いた面積は「18254629.6」ということになる。

第8章　このツールを使ってこそのAutoCAD

58 図形と連動する面積値

👆 形が変わると面積の値も変わる

AutoCADにはこんな機能がある。たとえば建築の平面図に部屋の境界線をポリラインで作図する。そのポリラインで囲まれた面積を表の中の文字列として表示しておいて、図が変更になれば表も変化する。

このように図形と連動した値を設定するときAutoCADのフィールド機能を使う。

コンピュータを使っているのだから、これぐらいできてあたりまえだ。CAD＝Computer Aided Design（コンピュータ支援設計）の意味がここにある。

フィールドを設定する

図のポリラインで囲まれたエリアの面積を文字として図面内に記入する。

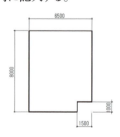

1 ［注釈］タブー［文字］パネルの［マルチテキスト］（MTEXT）コマンドを実行する。

2 図面上の適当な位置を文字の記入位置として指示する。

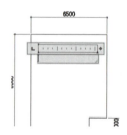

3 普通の文字ではなくフィールドを使うので、［テキストエディタ］タブー［挿入］パネルの［フィールド］をクリックする。

134

4 「フィールド」ダイアログボックスで「フィールド名」の「オブジェクト」を選択する。 ⊕ をクリックして図面上のポリラインを選択する。「オブジェクトタイプ」欄には「ポリライン」と表示される。
「プロパティ」は「面積」、「形式」は「十進表記」を選ぶ。さらに細かく数値の表現を設定するので［その他の形式］ボタンをクリックする。

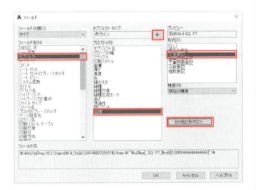

5 「その他の形式」ダイアログボックスで、「変換係数」を「0.000001」とする。これはmm²をm²に換算するためだ。「接尾表記」には「m²」とする。「プレビュー」欄で結果を確認しながら入力し、設定が済んだら［OK］ボタンでダイアログボックスを閉じ、「フィールド」ダイアログボックスも閉じる。

6 フィールドになると背景がグレーで表示される。ここでは文字は「50.5 m²」と表示されている。

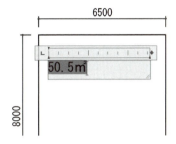

フィールドを更新する

ポリラインの形状が変わったら面積値も変わらないといけないが、ただちには変わらない。

1 縦の辺の長さ8000を6000に変更する。

2 キーボードから「REGENALL Enter 」と入力して［全再作図］すると、フィールドで記入された面積値が「37.5m²」に変更される。

HINT
ポリラインの面積を文字列にする方法を「表」に応用したのが、下の図だ。いずれもポリラインで各面積の範囲を作図しておいて、その面積値をフィールドを使って表示するようにしている。

面積表		
1階床面積	45.54m²	13.78坪
2階床面積	45.54m²	13.78坪
のべ床面積	91.08m²	27.55坪
建築面積	70.47m²	21.32坪

59 ツールパレットによく使うブロックを並べる

☞ ツールパレットとは

ツールパレットは絵具を置く「パレット」のように、その図面の作成に必要なツールや部品を置いておくところだ。何度も使う記号や、建築でいえば建具などの部品を置いておくことで作図効率が上がる。

図面上のブロックを1つずつツールパレットにドラッグ&ドロップすることで、ツールとして追加できる。ある図面にあるブロックすべてをツールパレットに一気に配置したいときは、デザインセンターを使う。

図面上の部品をまるごとツールパレットに

準備として1枚の図面にツールパレットに置きたい部品を集める。すべての部品はブロックとしてその図面に登録しておく。ここでは住宅の設計で使う部品を集めた。

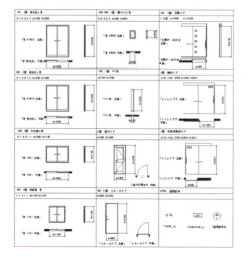

59 ツールパレットによく使うブロックを並べる

1 [表示] タブ−[パレット] パネルの [デザインセンター]（ADCENTER）コマンドを実行する。

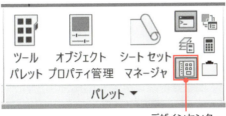
デザインセンター

2 不要なものもあるが、図がこの図面にあるブロックの一覧だ。

3 このデザインセンターの左側にある「ブロック」を選択して右クリックし、[ツールパレットを作成] を選ぶ。これだけで新たなツールパレットが追加される。

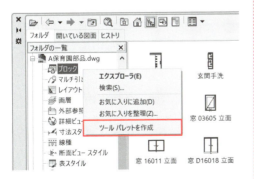

4 新しい図面名のタブがツールパレットに追加される。このタブを右クリックして [パレットを名前変更] を選んで名前を変更する。不要な部品は右クリックして [削除] を選び削除する。
これで新しい「住宅部品」パレットができた。

Caution
ここで作られたツールの1つを選んで右クリックし、[プロパティ] を選択する。表示された「ツールプロパティ」ダイアログボックスには図のように「ソースファイル」という項目があり、絶対パスでこの図面のパス名が書かれている。つまりこのツールは、「ソースファイル」であるこの図面が移動されたり、削除されたりすると使えなくなる。注意が必要だ。

137

第8章　このツールを使ってこそのAutoCAD

60　［名前削除］で図面を軽くする

👆 不要なオブジェクトを削除

そんなにたくさんの図形が作図されているわけでもないのにズームや移動に時間がかかる図面がある。あるいは選択しても編集可能状態になるのに数秒かかる図形があったりする。いわゆる「重い図面」だ。

このような「重い図面」を軽くするのに用意されているのが［名前削除］（PURGE）や［尺度リスト編集］（SCALELISTEDIT）のコマンドだ。

名前削除で軽くする

［名前削除］（PURGE）コマンドで使っていない画層などを削除することができる。このコマンドで削除できるのは次のオブジェクトだ。

- グループ
- シェイプ
- ブロック
- マテリアル
- マルチラインスタイル
- マルチ引出線スタイル
- 印刷スタイル
- 画層
- 詳細ビュースタイル
- 寸法スタイル
- 線種
- 断面ビュースタイル
- 表スタイル
- 表示スタイル
- 文字スタイル
- 長さがゼロのジオメトリ・空白の文字オブジェクト

「-PURGE Enter」と頭に「-」をつけて入力すれば、ダイアログボックスを使わずコマンドラインで実行することもできるが、ここではダイアログボックスで実行する。

60 ［名前削除］で図面を軽くする

1 アプリケーションメニューの［図面ユーティリティ］から［名前削除］（PURGE）コマンドを実行する。

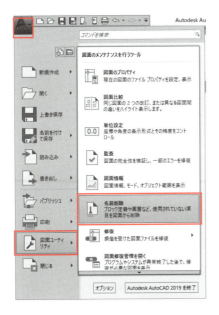

2 表示された「名前削除」ダイアログボックスで、図面に登録されているが使わない不要なオブジェクトを削除していく。1つずつその名前を確認しながら右クリックし［名前削除］を選択するか、［名前削除］ボタンをクリックする。

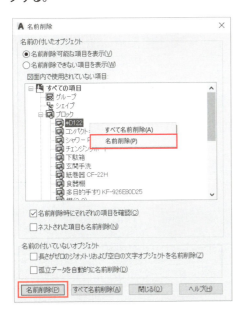

3 不要なオブジェクトを一気に削除する場合は「名前削除時にそれぞれの項目を確認」のチェックを外し、「ネストされた項目も名前削除」と「長さがゼロのジオメトリおよび空白の文字オブジェクトを名前削除」にチェックを入れ、［すべて名前削除］ボタンをクリックする。

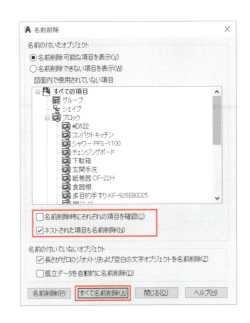

HINT

図面にもよるが、削除するものがなくなるまで何度か［すべて名前削除］ボタンで削除するほうが確実に削除できる。ただし使用中のオブジェクトや、使っていなくてもシステムが使う画層「0」などは削除できない。

139

使わない尺度を削除

使わない尺度も図面を重くする。[尺度リスト編集](SCALELISTEDIT) コマンドで不要な尺度を削除する。

1 [注釈]タブー[注釈尺度]パネルの[尺度リスト]をクリックし、[尺度リスト編集](SCALELISTEDIT) コマンドを実行する。

2 「図面尺度を編集」ダイアログボックスで、[Shift]キーを押しながらすべての尺度リストを選択する。[削除]ボタンをクリックする。

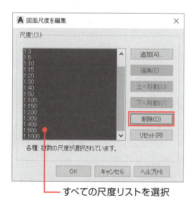

すべての尺度リストを選択

3 すべてを選んだ場合は次のような警告が表示される。表示どおり、使用している尺度は削除されないので[はい]で答える。

4 図のようにリストが一気に減る。[OK]ボタンでダイアログボックスを閉じる。

61 図面間移動・複写なら クリップボード

複数の図面を開いて図形を移動

1つのAutoCADの中で複数の図面を開くことができる。2つの図面を並べて表示し、図面から図面に図形を移動したり複写したりすることもできるが、図面内で使う[複写]（COPY）や[移動]（MOVE）コマンドでは図面から図面への複写・移動はできない。このような場合、クリップボードかドラッグ&ドロップを使う。クリップボードを使えば別の図面の、元の図面と同じ位置（座標）に図形を複写することもできる。

図面間で複写や移動

ここでは、図面2枚を1つのAutoCADで並べて表示し、右のドアを左の図面に「複写」する。基点はドアの右上コーナー点1、目的点は左の図面の線の交点2とする。

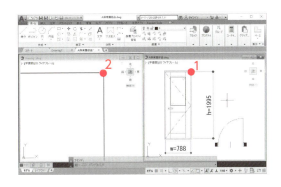

1 リボンの[表示]タブー[インタフェース]パネルの[左右に並べて表示]をクリックする。2つの図面が並んで表示される。

第8章　このツールを使ってこそのAutoCAD

2 右の図面で目的のドアを選択して右クリックし、[クリップボード] − [基点コピー] を選択する。「基点を指定：」のプロンプトに対してドアの右上コーナー点1をクリックする。

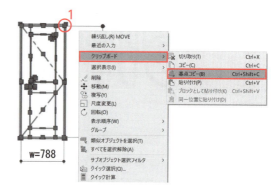

3 次に左の図面で右クリックし、[クリップボード] − [貼り付け] を選択する。

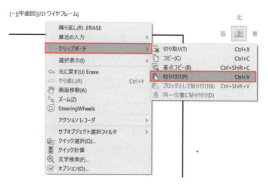

4 「挿入点を指定：」のプロンプトに対して、左の図面の線の交点2でクリックする。この点を目的点として複写される。

HINT

[クリップボード] のオプションには元の図面と同じ位置に貼り付ける[同一位置に貼り付け] や、選択した図形をブロックにして貼り付ける[ブロックとして貼り付け] オプションもある。ブロックとして貼り付けた場合は「名前のないブロック」という特別なブロック図形になる。

62 どこが変わったか 図面比較

2つの図面の相違を見つける

2枚の図面を比較してどこが変わったか見つける、まちがい探しゲームでなかなか難しい作業だ。

AutoCAD 2019から「図面比較」が登場した。このツールを使えばどんな小さな変更もほぼ瞬時に見つけることができる。

比較するファイルを選択

最初に比較する2つの図面ファイルを選択する。現在開いている図面でも、そうでない図面でも指定できる。

1 [コラボレート] タブの [図面比較] をクリックする。

2 表示された「図面比較」ダイアログボックスで、比較する図面を指定する。上の欄には現在開いている図面が表示されるので、下の欄で比較する図面を選択する。ここでは上の「A保育園1.dwg」を黄色、下の「A保育園2.dwg」を赤色に設定した。

HINT

… ボタンをクリックすると、現在開いていない図面ファイルを指定できる。また、ファイル名の左側の色は相違点を表示する色になる。この色をクリックすると、任意の色を指定できる。

比較結果を見る

「図面比較」ダイアログボックスの［比較］ボタンで図面の比較が始まる。筆者のコンピュータで700KBほどの図面なら1秒もかからず比較結果が表示された。

Caution
ラスターイメージなど比較の対象にならないオブジェクトがあると次のダイアログボックスが表示される。

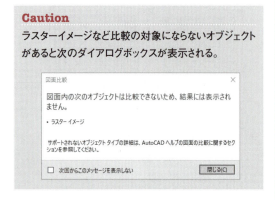

1 比較の結果として自動的に「比較(_C)A保育園1 vs A保育園2.dwg」ファイルが作られる。相違のない部分はグレー、相違のある部分は図面ごとに黄色や赤色で表示され、違いが一目瞭然になる。さらにリボンには［比較］タブが表示され、このタブのコマンドを使って2つのファイルの相違点を細かく見ることができる。

2 ［変更セット］パネルにある ⇒ ボタンをクリックするたびに、相違点が順にズームアップ表示される。

「A保育園2.dwg」の相違点
（赤色で表示）

「A保育園1.dwg」の相違点
（黄色で表示）

3 ズームアップ表示された状態で、［比較］パネルの［表示順序］をクリックすると、もう一方の図面ファイルの該当箇所が表示される。

「A保育園1.dwg」の相違箇所を
「A保育園2.dwg」で表示（赤色）

第9章

正しい画層の使い方

画層があるからCADは便利だとつくづく思う。きちんと画層を分けて作図すれば設計変更のときにある画層だけ削除、あるいは非表示にして作図し直しというようなことがかんたんにできる。AutoCAD 2016からは寸法が自動的に特定の画層に置かれるという画期的な機能も追加された。

画層が正しく使い分けられていない図面でも、最小限の使い分けがされているように図面を変更してから次の作業に移りたい。画層をうまく使って効率をあげるテクニックをいくつか紹介する。

63 色従属印刷スタイルと画層

色従属とは

どの画層も1つの色を持っている。その色を画層色という。この画層色によって印刷時の線幅を決めるのが「色従属印刷スタイル」だ。一方、色と無関係に印刷時の線幅を決めるのを「名前の付いた印刷スタイル」という。

筆者は「色従属印刷スタイル」を採用している。ただし1つの色でも建具と家具のように用途別に画層を分けて作図しておくとあとの編集が便利なので、1つの色で複数の画層を持たせる。さらに色従属を補う意味で、色と結びつかない「寸法」「基準線」など用途別に特別な名前を持つ画層も作る。これが筆者のおすすめ画層設定だ。

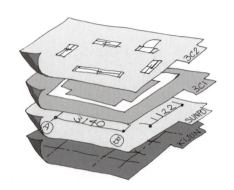

印刷スタイルには2種類ある

印刷スタイルには「色従属印刷スタイル」と「名前の付いた印刷スタイル」の2種類がある。どちらの印刷スタイルを使うかは最初に開くテンプレートによって決まる。

● 色従属印刷スタイル

色別に印刷したときの線の太さを決めておくスタイルだ。標準のテンプレートacadiso.dwtなどを使ったときに適用される。「画層プロパティ管理」パレットに［印刷スタイル］の項目はなく、画層ごとに印刷スタイル（線の太さなど）を設定することはできない。

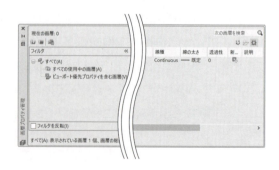

63 色従属印刷スタイルと画層

● 名前の付いた印刷スタイル

同じ色でも印刷したときに異なる太さの線を設定できる。acadISO-Named Plot Styles.dwtなどのテンプレートを使ったときに適用される。「画層プロパティ管理」パレットでは画層ごとに印刷スタイル（線の太さなど）を設定する。

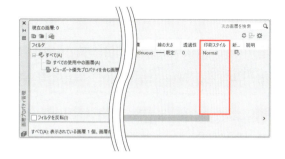

> **HINT**
> 印刷スタイルのコントロールは「色従属印刷スタイル」では使えない。一方、「名前の付いた印刷スタイル」では印刷スタイルのコントロールを使って、画層に関係なく図形ごとに印刷スタイルを割り当てることができる。

色従属印刷スタイルで色ごとの線の太さを設定する

筆者のおすすめは「色従属印刷スタイル」だ。色従属印刷スタイルは色が線の太さを意味するので、何より直感的にわかりやすい。また画層と色を結びつけるのは他のCADソフトでもよく使われる方法なので、図面ファイルを他のCADソフトにDXFファイルなどで渡すときにトラブルがなくてすむ。

色従属スタイルを使うことに決めたら、[印刷スタイル管理]（STYLESMANAGER）で、印刷スタイルテーブルを作成する。印刷スタイルテーブルでは色ごとの線の太さを設定する。筆者は右の表のように色ごとに線の太さを決めている。

＊白背景と黒背景については「65. 黒背景か白背景か？」（P.150）を参照。

● 色ごとの線の太さ

色	白背景時の色番号	黒背景時の色番号	印刷時の線の太さ
赤系統	1	1	0.1mm
黄系統	55	2	0.3mm
緑系統	92	3	0.8mm
水色系統	144	4	0.1mm
青系統	5	5	0.05mm
紫系統	6	6	0.18mm
白／黒	7	7	0.18mm
灰色	254	254	0.05mm

画層名の付け方

　画層名を決めるときの原則は名前から意味がわかることだ。ここでは、筆者が使っている方法を2つ紹介する。

1 第1は線の属性を画層名にする方法だ。筆者は「線の太さ」+「線種」+「番号」を画層名にしている。たとえば0.3mm、実線（Continuous）なら3C1、3C2、3C3となる（ただしレーザープリンタを使って縮小印刷することを前提に、実際の線の太さは表記の太さとちがう太さを設定している）。

名前	色	線の太さ	線種
1C1	灰色	0.05mm	実線（Continuous）
1C2	灰色	0.05mm	実線（Continuous）
2C1	水色	0.1mm	実線（Continuous）
2C2	水色	0.1mm	実線（Continuous）
2H1	水色	0.1mm	破線（HIDDEN）
2H2	水色	0.1mm	破線（HIDDEN）
2P1	水色	0.1mm	二点鎖線（PHANTOM）
3C1	白／黒	0.18mm	実線（Continuous）
3C2	白／黒	0.18mm	実線（Continuous）
3C3	白／黒	0.18mm	実線（Continuous）
4H1	紫	0.18mm	破線（HIDDEN）
4H2	紫	0.18mm	破線（HIDDEN）
5C1	黄色	0.3mm	実線（Continuous）
5C2	黄色	0.3mm	実線（Continuous）
8C1	緑	0.8mm	実線（Continuous）

2 第2の方法は用途名をそのまま画層名に使う。

　これらは図形の種類、用途によって画層を正しく使い分けることを目的としている。用途は補助線、基準線、文字、寸法、ビューポートの枠がある。筆者はこの **1**、**2** を組み合わせて使っている。

用途	名前	色	線の太さ	線種
補助線	HOJO	青	0.05mm	実線（Continuous）
基準線	KIJUN	赤	0.1mm	一点鎖線（CENTER）
文字	MOJI	白／黒	0.18mm	実線（Continuous）
寸法	SUNPO	水色	0.1mm	実線（Continuous）
ビューポートの枠	ViewPort	赤	0.1mm	実線（Continuous）

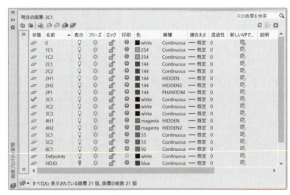

画層名の設定が完了した状態

64 寸法は寸法専用画層に

👉 [寸法画層]コントロールで設定

CADでは画層を切り替えて作図するのが基本だ。寸法を作成するときは寸法専用の画層に置きたい。ところが画層を切り替えながら作図していると、間違った画層に寸法を作図してしまうことがよくある。AutoCAD 2016からの[寸法記入](DIM)コマンドで作成される寸法図形に限るが、あらかじめ寸法を置く画層を指定しておいて、この特定の画層に寸法図形を置くということができる。

寸法画層の設定

どの画層に寸法を置くかは[注釈]タブ−[寸法記入]パネルにある[寸法画層]コントロールを使う。ここで画層を指定すると、現在画層がどの画層であってもここで指定した画層に寸法が置かれる。また現在画層を使うか、特定の画層を指定するかもこのコントロールで設定する。下の例では特定の画層「SUNPO」に指定した。

HINT
この寸法画層の設定はシステム変数DIMLAYERに保存される。現在画層に寸法図形が置かれるように[現在を使用]とした場合はシステム変数DIMLAYERの値は「.」(ドット)になる。

Version
この操作は2016バージョン以降に対応。

第9章 正しい画層の使い方

65 黒背景か白背景か？

背景色と線の見やすさ

画層色を決めるときに悩むのが背景色だ。水色や黄色の線は白い背景では見えなくなってしまう。また、AutoCADとAutoCAD LTでは既定の背景色が違ったりする。

筆者は白背景でも黒背景でも両方で使えるように、水色でなく濃い水色（144番の色）、黄色でなく濃い黄色（55番の色）を使っている。これなら白、黒どちらの背景でも判別することはできる。

自分でかいた図面でなく、データとして受け取った図面の場合は、その図面で使われている色に合わせて、見やすくなるように背景色を変更してしまうのが手っ取り早い。

画面の各要素の色を設定する

各要素の色は「オプション」ダイアログボックスから設定する。

1 アプリケーションメニューから［オプション］（OPTIONS）コマンドを実行する。

2「オプション」ダイアログボックスの[表示]タブで[色]ボタンをクリックする。

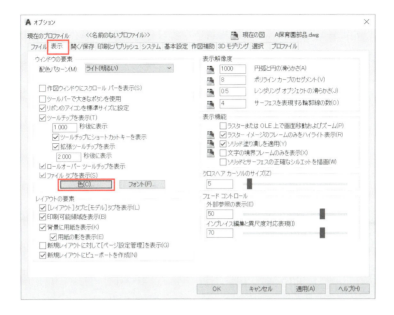

3「作図ウィンドウの色」ダイアログボックスが表示される。「コンテキスト」欄で状態を、「インタフェース要素」で各要素を選択し、「色」を設定する。選択した色は「プレビュー」欄で確認できる。

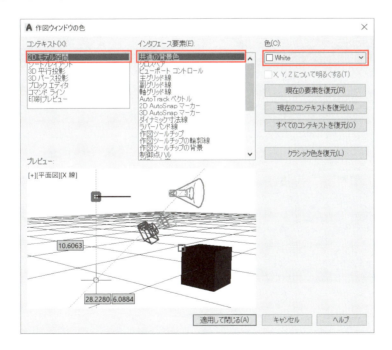

リボンの背景色を変える

　作図ウィンドウの背景色以外にリボンの背景色なども変更できる。ただし自由に色を選択できるのではなく、明るい・暗いの2通りのパターンから選ぶ。設定は「オプション」ダイアログボックスの［表示］タブにある「配色パターン」でおこなう。

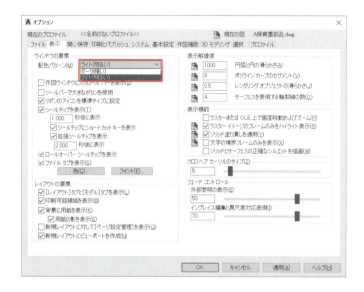

［ライト（明るい）］に設定したときのリボン

［ダーク（暗い）］に設定したときのリボン

Version
この設定は2015バージョン以降に有効。

66 画層ごとに表示してチェックする

ある画層だけ表示させたい場合

ある画層だけ表示してほかの画層は表示させないで作業する、よく使う操作だ。寸法は寸法専用、文字は文字専用の画層が正しく使われているかを確認したい。「画層プロパティ管理」パレットの表示／非表示操作で確認もできるが、画層を切り替えながら操作すると煩雑になってしまう。このようなとき［画層閲覧］（LAYWALK）コマンドが使える。このコマンドを使うと選択した画層以外を自動的に非表示にするため、それぞれの画層を歩きまわる感覚で楽に確認作業がおこなえる。

画層を歩きまわる

1 ［ホーム］タブー［画層］パネルにある［画層閲覧］（LAYWALK）コマンドを実行する。

2 「画層閲覧」ダイアログボックスが表示される。特定の画層を選択するとその画層上にある図形だけが表示される。Ctrl キーを押しながら複数の画層を選択することもできる。

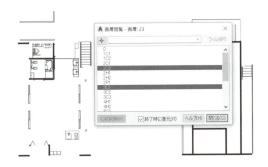

第9章　正しい画層の使い方

67 勝手に画層を作らせない

ルール外の画層が作られないように

社内で画層はこれを使う、というルールを決めていてもルールにない画層を作られてしまってあとの処理に困ることがある。インターネット上の建具や設備などの部品をダウンロードして使ったときにルール外の画層が作られることもある。

AutoCADでは［環境設定］（STANDARDS）コマンドで画層標準を設定できる。画層標準の設定によって、このようなルール外の画層が作られることを防止できる。

標準図面の設定

画層についてのルール違反をチェックするには、標準となる図面を作成しておかなければならない。「この図面にない画層を作ってはいけませんよ」というルールブックだ。画層以外に寸法スタイル、文字スタイル、線種についてもチェックできるので、これらも標準を決めて設定しておいたほうがいいだろう。

1 標準図面を用意し、アプリケーションメニューから［名前を付けて保存］－［標準仕様図面］を選んで保存する。標準仕様図面の拡張子は一般の図面のdwgでなくdwsになる。

> **Version**
> 標準図面の設定はAutoCAD LTでは実行できない。

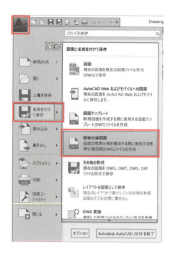

154

2 保存した標準図面を現在開いている図面に適用するには[管理]タブ−[CAD標準仕様]パネルの[環境設定]（STANDARDS）コマンドを実行する。表示された「標準仕様を環境設定」ダイアログボックスの[標準仕様]タブで ボタンをクリックして、作成した標準図面（ここでは筆者の作成したadds.dws）を選択する。

3 さらに［設定］ボタンをクリックして「CAD標準仕様の設定」ダイアログボックスで細かな設定をおこなうこともできる。ここでは標準違反がおこればステータスバーのアイコンでわかるように「標準仕様のステータスバーアイコンを表示」にチェックを入れた。

4 これで、もし標準外の画層が作られるとすぐに図のようなバルーンメッセージがステータスバーに表示される。

ルール違反をチェックする

作図中でなくても、図面に標準仕様への違反があるかどうか調べることができる。

● 今開いている図面に標準違反がないか調べる

1 [管理]タブ−[CAD標準仕様]パネルの[確認]をクリックし、[標準仕様を確認]（CHECK STANDARDS）コマンドを実行する。

2 違反があれば「標準仕様を確認」ダイアログボックスが表示される。「修正候補」欄から該当項目を選択して［修正］ボタンで修正する。

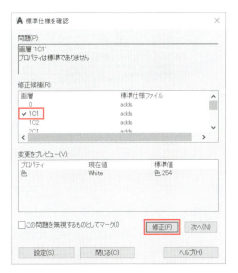

HINT
違反がなければ、次のようなメッセージが表示される。

● 複数の図面を対象に標準違反がないか調べる

1. 「バッチ標準チェッカー」を使う。AutoCADとは別のプログラムなので、Windowsのスタートボタンから［バッチ標準チェッカー］を起動する。

2. 「バッチ標準チェッカー」ダイアログボックスの［標準仕様］タブで ボタンをクリックして拡張子dwsの標準仕様図面（ここではadds.dws）を選択する。

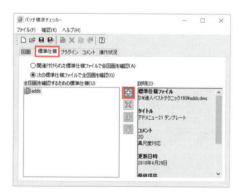

3. ［図面］タブで ボタンをクリックして、チェック対象になる複数の図面を選択する。

4. ［確認を開始］ボタン（ ）でチェックを開始すると、［進行状況］タブに図のように問題点の数などが表示される。

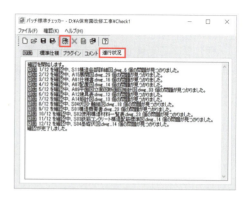

5. さらにブラウザ（図はIE）が起動し、「標準監査報告」というHTML形式の詳細なレポートも表示される。問題点の把握と解決に役立てることができる。

68 画層フィルタで表示を最小限に

画層がたくさんある場合

あまりにたくさんの画層を作ってしまったり、使用している自動作図のシステムなどがたくさんの画層を作るようになっていたりして、手に負えなくなることがある。

リボンにある「画層コントロール」にあまりたくさんの画層が表示されては、操作に支障がある。「画層コントロール」には、その画層に図形がある、今使用されている画層だけが表示されるように「画層プロパティ管理」パレットで設定することができる。

使用されている画層のみを表示

使用されている画層のみを表示させたい場合は「画層プロパティ管理」パレットで「すべての使用中の画層」というフィルタを使う。このフィルタははじめから用意されているが、「使用中の画層を示す」設定をオンにしないと機能しない。

1 [画層プロパティ管理] (LAYER) コマンドを実行して「画層プロパティ管理」パレットを表示する。パレットの右上にある [設定] ボタン (✿) で「画層設定」ダイアログボックスを表示させ、「ダイアログ設定」の「画層ツールバーに画層フィルタを適用」と「使用中の画層を示す」の両方にチェックを入れる。

第9章　正しい画層の使い方

> **HINT**
> 「使用中の画層を示す」は、AutoCADのヘルプによれば「多くの画層を含む図面では、このオプションをオフにするとパフォーマンスが向上します」とあり、オンにすればパフォーマンスが悪くなるようにとれるが、筆者の試した範囲では、かなりたくさんの画層が使われている図面でもそのようなこともないようだ。

2. 図面で使用されている画層か使用されていない画層かは、「画層プロパティ管理」パレットの「状態」列に色分けされて表示される。表示されない場合は [F5] キーや ボタンで「最新の情報に更新」する。

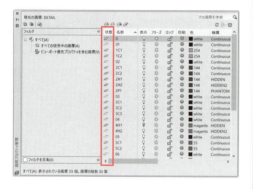

3. 「すべての使用中の画層」フィルタを選択すると、図面上で使われている画層だけ（この例では全33画層のうち20画層）がリストに表示される。

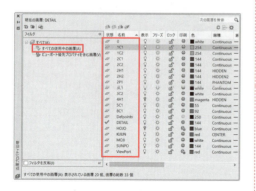

4. 「画層設定」ダイアログボックスで「画層ツールバーに画層フィルタを適用」にチェックを入れたので、リボンの「画層コントロール」

では、この「画層プロパティ管理」パレットに表示されている画層だけが選択表示され、扱いやすくなっている。

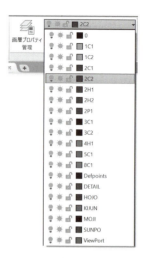

画層フィルタを削除

AutoCADでは2002以前のバージョンで図面から図面へ図形をコピーすると画層フィルタもコピーされ、図面サイズが大きくなってしまうという問題があった。また、AutoCAD上で動くアプリケーションには画層フィルタを自動で作成するものもあって、多く作られすぎた画層フィルタはユーザが手動で削除して、図面を軽くする必要がある。「画層プロパティ管理」パレットで目的の画層フィルタ上で右クリックし、［削除］を選べば画層フィルタを削除できる。

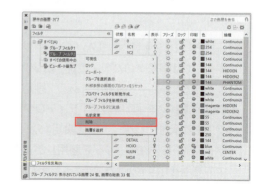

158

69 一気にByLayerに

ByLayerの使い方

色や線種は画層のほうで決めておいて、図形1つ1つの色や線種は画層の設定に準ずるのが一般的な使い方だ。この指定を「ByLayer（バイレイヤ）」という。こうしておけば、画層の色を変えると、その画層上にある全図形の色が変わる。

色や線種が「ByLayer」に指定されていない図面を受け取り、1つ1つの図形を選択してプロパティから「ByLayer」に変更していたら大変だ。2008以降のバージョンなら、色や線種を一気に変更できる［ByLayerに変更］（SETBYLAYER）コマンドが使える。

ByLayerに変更

1 リボンの［ホーム］タブ−［修正］パネルの［ByLayerに変更］（SETBYLAYER）コマンドを実行する。

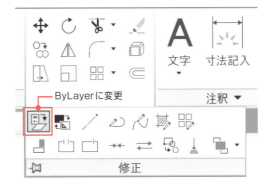

第9章　正しい画層の使い方

❷「オブジェクトを選択 または［設定（S）］:」のプロンプトに対して、全部もしくは複数の図形を選択してコマンドラインから次のオプションにYes／Noで答える。

> ByBlock を ByLayer に変更しますか？ [はい(Y)/いいえ(N)] ＜はい(Y)＞: Y Enter
> ブロックを含めますか？ [はい(Y)/いいえ(N)] ＜はい(Y)＞: Y Enter

❸ 最後に次のように表示されて、ByLayerへの変換が終了する。

> 724 個のオブジェクトが修正されました。1161 個のオブジェクトは変更を受ける必要がありませんでした。

HINT

「オブジェクトを選択 または［設定(S)］:」のプロンプトに対して「S Enter」で答えると「SetByLayerの設定」ダイアログボックスが表示され、どのプロパティを「ByLayer」とするか選択することができる。

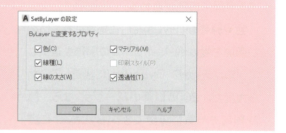

160

第10章

レイアウトを使って作図しよう

　一部の大手設計事務所やゼネコンでも「ウチはほとんどモデルだけで作図」という話を聞いたことがある。AutoCADを使っていてそれはもったいない。
　もしモデルに複数の図面を並べているのなら、1物件まとめて数十枚の印刷に苦労しているなら、平面・立面で整合性のある図面をかくことに苦労しているなら、Jw_cadにデータを渡すのでレイアウトは使えないとあきらめているなら、ぜひこの章を読んで欲しい。
　レイアウト使いの高度なテクニックを集めたものではないが、きっと役に立つ情報だと思う。

70 まだモデルだけで作図している?

👆 モデルだけからレイアウトを併用した作図へ

古い作図と印刷方法だが、こんな方法がよく使われている。モデル空間に複数の図面を並べるのだ。たとえば各階の平面図をすべてモデル上に並べる。そして印刷するときに印刷領域を対角の2点で指定する「窓」で各図面の範囲を指定して印刷する。

この方法を使うのはJw_cadなどから移行してきたユーザに多いようだ。この使い方をしているユーザは、そのままレイアウトを使った作図方法に移行することができる。

🔍 モデルだけからレイアウトを併用した作図に

この例では、モデルに6枚の図面を作図して縦に並べている。どの図面も1／50縮尺が設定されている。異尺度対応などの機能は使っていない。これをレイアウトを使った作図に移行させる。

このケースでは6枚の図面用に6個のレイアウトが必要になるが、1つレイアウトを作って、それをコピーして6個のレイアウトを作成することにする。

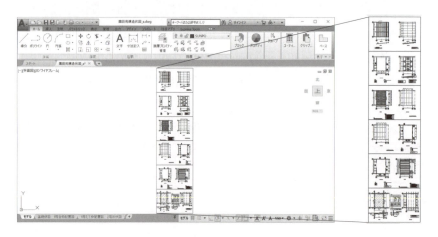

レイアウトの印刷設定

1 [レイアウト1]タブに移り右クリックし、[ページ設定管理]を選ぶ。

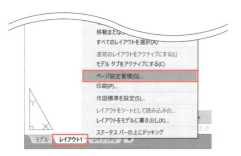

2 「ページ設定管理」ダイアログボックスで[修正]ボタンをクリックし、「ページ設定」ダイアログボックスを開く。ここで印刷用の設定をおこなう。用紙サイズを決め、印刷対象は「レイアウト」、印刷尺度は「1:1」とする。

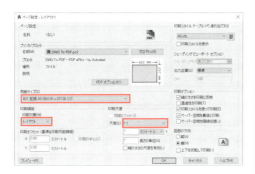

3 [OK]ボタンで「ページ設定管理」ダイアログボックスに戻り、[閉じる]ボタンで閉じる。

4 図面枠はレイアウトのペーパー空間に配置する。

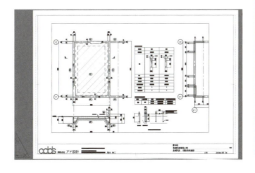

ビューポートの設定

1 ビューポートの大きさを図面枠に合うように調整する。ビューポートの周囲に表示されるグリップを使えばかんたんだ。

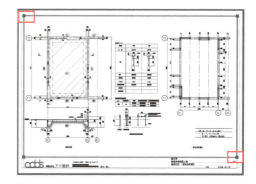

2 図面の縮尺は「ビューポート尺度」によって決める。

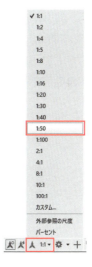

3 図面枠と図形を[画面移動](PAN)で位置合わせして確定する。その後「ビューポートロック」でうっかりビューポートの尺度や画面位置が動いてしまわないようにロックする。

レイアウトをコピー

1 このレイアウトをあと5つコピーして、それぞれを適当な名前に変更する。

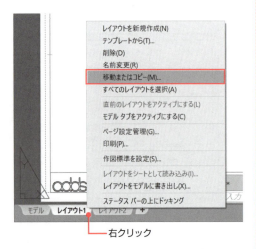

└─ 右クリック

2 ビューポートのロックを解除して、[画面移動]（PAN）で表示を適当なものに変更し、再度ロックしておく。

3 レイアウトの名前をわかりやすい名前に変更する。

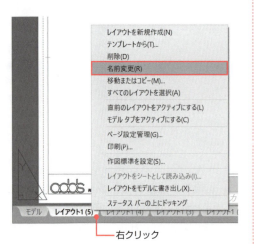

└─ 右クリック

4 ここでは6つあるレイアウトタブにカーソルを順に重ねて、作成したレイアウトをプレビュー表示させてみる。レイアウトを使えば、まるで複数のファイルを同時に開いているような感覚で切り替えて編集することができる。

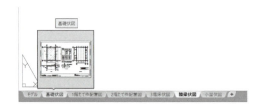

71 レイアウトに異なる縮尺の部分詳細図

複数のビューを1つのレイアウトに

ビューポートを使った作図に必須の機能が、ビューポートごとに画層の表示／非表示を切り替える機能だ。この機能を使ってはじめて、異尺度対応や複数のビューを1つのレイアウトに配置するというAutoCADらしい作図が可能になる。

ここでは、1／100の平面図と1／5の部分詳細図を1枚の図面に配置し、画層の「VPでフリーズ」という機能を使って、同じ場所を表示しているのに縮尺によって表現が変わるようにする。

詳細図と平面図を同じ位置に作図する

同じ場所を表示しているのに縮尺によって表現が変わるようにするため、モデル空間で1／100の平面図と1／5の部分詳細図を同じ位置に重ねて作図する。ここでは、画層の縮尺を次のように設定して使い分けている。

使用する画層	縮尺
2C2、3C2	1／100
DETAIL	1／5

HINT
同じ位置に異なる縮尺の図を重ねて作図すれば、別の場所に単独で作図するよりもまちがいが少なくなる。

1／100の平面図用に「2C2」と「3C2」画層のみを表示したもの

1／5の部分詳細図用に「DETAIL」画層のみを表示したもの

→ モデル空間ではこのように同じ位置で重なって表示

第10章　レイアウトを使って作図しよう

ビューポートの設定

1 レイアウトに、ビューポートの尺度が1／100と1／5の2つのビューポートを作成する。1／100縮尺のビューポートのほうでは画層「DETAIL」を「VPでフリーズ」にする。同じように円形の1／5縮尺のビューポートのほうでは画層「2C2」と「3C2」を「VPでフリーズ」にする。

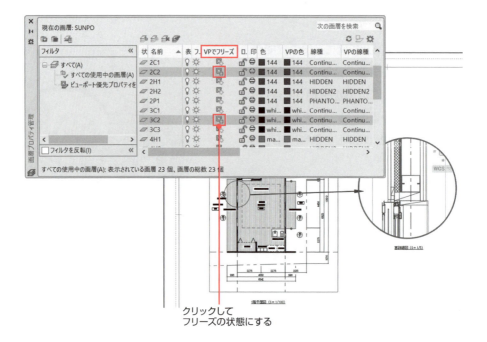

クリックして
フリーズの状態にする

2 図のような部分詳細図を含む平面図のレイアウトができた。同じ場所を表示しているのに、縮尺によって表現が変わっている。

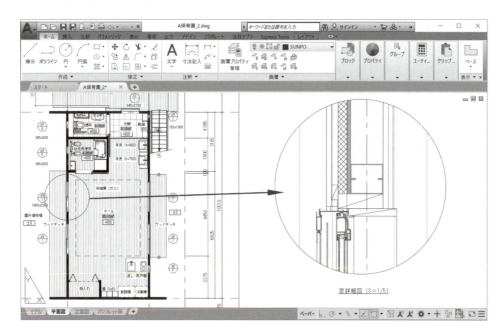

72 複数レイアウトをまとめて印刷する

印刷の手間を節約したい

一度の操作で複数の図面を印刷する。コンピュータを使うアプリケーションではあたりまえの操作だが、いまだに1枚ずつ印刷している人もいる。

1枚ずつ表示させてから印刷していたら、100枚以上の図面であれば数時間の仕事になりかねない。AutoCADのレイアウトを使えば、複数のレイアウトをまとめて一度の操作で印刷できる。モデルだけではできない、レイアウトを使った作図をおすすめする理由の1つだ。

複数のレイアウトを印刷

現在開いている図面のレイアウトを1回の操作で印刷する。ただし、各レイアウトは印刷したときに正しく印刷されるようページ設定ができていることが前提だ。つまり、一度は単独で印刷して正しく印刷されるか確認しておかなければならない。

1 1つのレイアウトを表示した状態で、レイアウトタブで右クリックして[すべてのレイアウトを選択]を選び、全レイアウトを選択する。

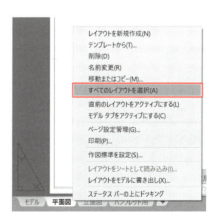

第10章　レイアウトを使って作図しよう

2 続けてレイアウトタブで右クリックして［選択したレイアウトをパブリッシュ］を選び、「マルチシートDWFをパブリッシュ」ダイアログボックスを表示させる。「DWFをパブリッシュ」という名前だが、普通の紙への印刷ももちろんできる。

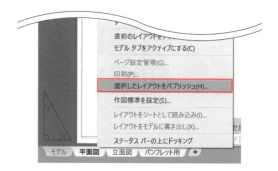

3 「マルチシートDWFをパブリッシュ」ダイアログボックスで選択されている「シート名」を確認し、［パブリッシュ］ボタンをクリックする。1図面のコピー数もここで設定することができる。

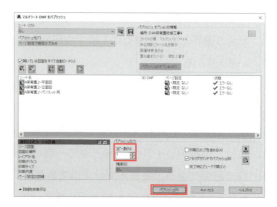

開いていない図面も印刷できる

開いていない他の図面ファイルも上記の「マルチシートDWFをパブリッシュ」ダイアログボックスから印刷できる。

1 ［出力］タブー［印刷］パネルの［バッチ印刷］をクリックして「マルチシートDWFをパブリッシュ」ダイアログボックスを表示する。

2 ［シートを追加］ボタン（ ）をクリックして他の図面（ここでは「A保育園.dwg」）を選択する。選択した図面のすべてのタブが表示される。［シートを除去］ボタン（ ）で不要なシートは除いて、［パブリッシュ］ボタンで印刷する。

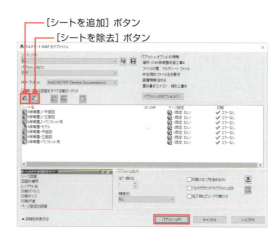

168

73 レイアウトからモデルに

他のCADソフトにデータを渡す場合

便利なAutoCADのレイアウト機能だが、他のCADソフトではそもそもレイアウト機能がない。一方、AutoCADでは図面としての情報はレイアウトを使って見えるようになっている。そのため、他のCADソフトに図面として正しいデータを欠落なく渡すときにはレイアウトをそのままモデル空間に移してから渡す必要がある。

AutoCADにはこのようなときに使う[レイアウト-モデル変換](EXPORTLAYOUT)コマンドが用意されている。

レイアウトをモデルに書き出し

レイアウトをモデルに書き出すには、[レイアウト-モデル変換](EXPORTLAYOUT)コマンドを使う。

1 目的のレイアウトを表示させ、レイアウトタブ上で右クリックして[レイアウトをモデルに書き出し]を選び、[レイアウト-モデル変換](EXPORTLAYOUT)コマンドを実行する。

2 ファイル名を指定すると、書き出しが始まる。書き出しが終了すると図のようなメッセージが表示されるので、[開く]ボタンで書き出された図面を開く。

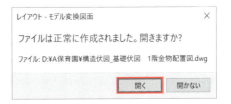

3 書き出された図面を元の図面と比べてみる。図のように元のレイアウトタブの図面が［モデル］タブに表示されている。図形の種類もそのまま、表現もそのまま書き出されている。この状態でJw_cadなどのレイアウト機能を持たない他のCADに渡せば、情報の欠落はおこらない。

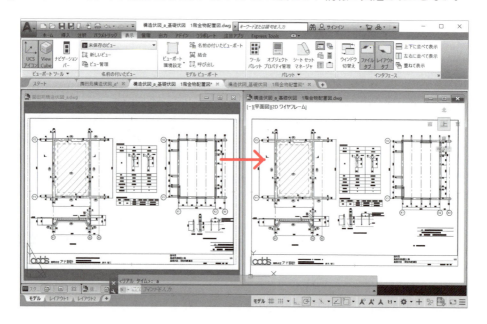

> **HINT**
> 意地悪なテストをしてみよう。ブロックや表、文字、引出線がビューポートにかかっている。こんな場合はどのように書き出されるのか？
> 図がその結果だ。ほとんどの図形はビューポートできちんとトリムされているが、文字やブロック図形の一部はトリムされなかった。もちろん、図形が削除されることはなかった。

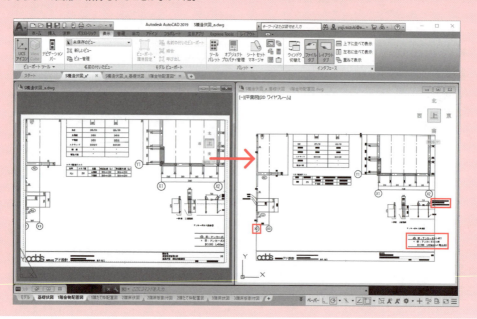

74 図形を置く空間を変更

ペーパーからモデル、モデルからペーパーへ

レイアウトを使い、モデル空間とペーパー空間を使い分けてかいていて、「この図形をレイアウトのペーパー空間側に置いたけど、モデルにあったほうがいい」と変更したくなることがある。

［空間変更］（CHSPACE）コマンドでモデルからペーパーへ、あるいはペーパーからモデルへ図形の大きさを調整しながら、空間を移動できる。

図形をレイアウトからモデルへ空間移動

この図面の右下の「面積表」はレイアウトのペーパー空間に置かれている。この表をモデルに「空間変更」してみる。

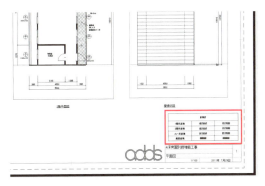

1 ［ホーム］タブー［修正］パネルにある［空間変更］（CHSPACE）コマンドを実行する。

171

2 モデル空間に移動したい表を選択すると、コマンドラインに次のように表示される。

> 目標ビューポートをアクティブに設定し、続けるには Enter を押してください。

3 ビューポートが複数ある場合、どのビューポートのモデル空間に移動するのかを指示しなければならない。ここで使用している図面には「2階平面図」と「屋根伏図」のビューポートがあるため、ここでは「屋根伏図」のビューポートを指示した。表はレイアウトから消え、コマンドラインには次のように表示された。

> 1 個のオブジェクトが ペーパー空間 から モデル空間 へ変更されました。
> 外観を維持するために、オブジェクトは 100.000002328454 倍に尺度変更されました。

4 [モデル]タブを見てみると屋根伏図の右下に、自動的に100倍の大きさに変更された表がレイアウトで配置した場所と同じ位置に表示されている。

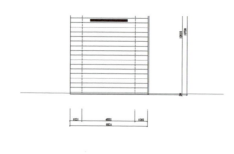

75 用紙を180度回転して作図

向きの違う図面をかくには

立体の三面を正しくかくのは製図の基本だ。建築では平面図を元に各方位の立面図をかくことがよくある。このとき北を上にすると北立面図は上下が逆になり、作図しづらい。紙ならば180度回して作図するがCADならどうするか。それはAutoCADでも同じだ。180度回転して作図する。

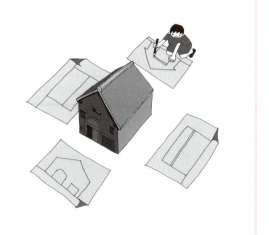

UCSを回転してプランビュー

図のように真ん中に平面図、上に北立面図、右に東、左に西立面図を作図すると、それぞれの図面間の関連が一目でわかり間違いが少なくてすむ。ただ北立面図を逆さまのままで作図するのはつらい。そこで、少し手順を踏んで180度回転した表示にして作図する。

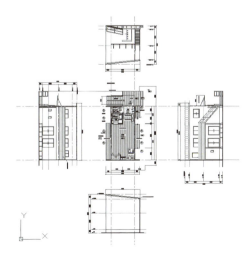

1 まずUCSを180度回転する。キーボードからのコマンド入力のほうがかんたんなので、キーボードから「UCS Enter」と入力する。Z軸回りの回転なのでオプションの「Z Enter」で回転角度は180度とする。

```
コマンド: UCS Enter
現在の UCS 名: *ワールド*
UCS 原点を指定 または [面(F)/名前の付いた UCS(NA)/オブジェクト(OB)/直前(P)/ビュー(V)/ワールド(W)/X/Y/Z/Z 軸(ZA)] <ワールド>: Z Enter
Z 軸の回りの回転角度を指定 <90.0>: 180 Enter
```

2 画面上のUCSアイコンの方向が変わる。

3 UCSに合わせ全体を回転した表示にする。キーボードから [プランビュー] (PLAN) コマンドを実行する。オプションはUCSに合わすので「C」だ。

```
コマンド: PLAN Enter
オプションを入力 [現在の UCS(C)/UCS 選択(U)/WCS(W)] <現在の UCS>: C Enter
```

4 図のように全体が180度回転して、逆向きの図を作図できるようになる。

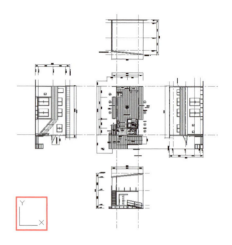

5 東や西の立面図も同様に、UCSの回転で向きを変更して作図できる。レイアウトで回転済みの立面図ごとにビューポートを作成すれば、すべて同じ向きで作業できる。

第 **11** 章

ダイナミックブロックを使いこなす

　ほかのCADソフトからAutoCADに乗り換えて、便利さを痛感するのがダイナミックブロックだ。使ってみると作図効率の向上に役立つダイナミックブロックだが、作るのもそんなにむずかしいことはない。

　ここではボルトとナットのセットを例に、締め付け長さがマウスによるグリップのクリックで変わり、またM20とM22を1つのブロックで表現でき、かつグリップを動かすことで配列複写されるブロックをステップバイステップで作っていこう。

76 ダイナミックブロックの ふるまい

👆 ダイナミックブロックとは

　ダイナミックブロックはマウス操作だけで形状を変更できるインテリジェントなブロックで、作図効率の向上に役立つ。ダイナミックブロックは「ブロックエディタ」で作成する。図形に長さや位置、角度などのパラメータを設定し、パラメータが変化したときのアクションを追加する。アクションには移動やストレッチなどがある。

　ダイナミックブロック作りのコツは、その作成方法を研究することだ。本書付録CD-ROMには、単純なものから高度なものまで、さまざまなダイナミックブロックが収録されている。これらをブロックエディタで開き、研究課題として参照されたい。

H形鋼標準継手のダイナミックブロック

　「H-400x200(5X-M20)」ダイナミックブロックを例にその機能を見る。これはH形鋼の剛接合の継手の正面図だ。

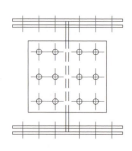

76 ダイナミックブロックのふるまい

1 ▼のグリップをクリックすると［正面］、［平面］、［断面］、［文字］の４つのメニューが表示される。メニュー選択で、形状が変わる。

• 平面

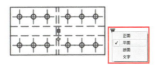

• 断面

• 文字

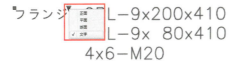

このようにグリップをクリックして表示されるリストから選択して表示を切り替えるアクションを「可視」と呼ぶ。このときのグリップは「可視性」パラメータとなる。

2 「平面」表示の状態で、このブロックを[分解]（EXPLODE）すると、別のグリップが現れる。▶や▲のグリップをドラッグすることでボルトのピッチはそのままで本数を変えたり、ボルトのゲージを変えたりがマウスの操作だけでできる。

• 数が変わる

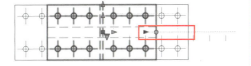

• 位置が変わる

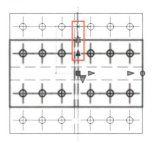

グリップで本数が変わるのが「配列複写」、位置が変わるのが「ストレッチ」というアクションだ。

ブロックエディタで秘密を探る

ダイナミックブロックの動作の仕組みはブロックエディタで見ることができる。

1 ダイナミックブロックを選んで右クリックし、［ブロックエディタ］を選択する。

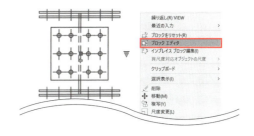

2 ブロックエディタに入ると図のように、そのブロックに割り当てられた「パラメータ」や「アクション」を見ることができる。

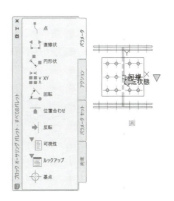

177

第11章　ダイナミックブロックを使いこなす

77 ダイナミックブロックの作り方 〜ストレッチ〜

👆 長さが変わるダイナミックブロック

ここからボルト・ナットのブロックを題材にダイナミックブロックを作成していく。まずはボルトの首下長さが変化するダイナミックブロックだ。ここでは「直線状」パラメータと「ストレッチ」アクションを使う。

M20のボルトとナットのセットを作図して一般のブロックにし、そのブロックを別の白紙図面に挿入した状態からダイナミックブロック作りをスタートする。

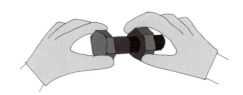

締め付け長さをストレッチ

1 図面上のブロック「ボルト・ナット」を選択して右クリックし、[ブロックエディタ] を選択してブロックエディタに入る。

HINT
このブロックはパラメータもアクションも設定していない一般のブロックだ。

2 ▼のグリップをマウスで操作するとボルトが伸びるという動作を実現したいので、直線上に伸びていく「直線状」のパラメータを配置する。

「ブロックオーサリングパレット」から「直線状」のパラメータを選択、図面上で1、2の点をクリックして、図のような「距離1」と表示されるパラメータを配置する。

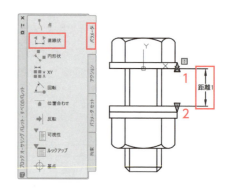

178

77 ダイナミックブロックの作り方〜ストレッチ〜

3 ここで「距離1」と表示されたパラメータを選択して右クリックする。[オブジェクトプロパティ管理] を選び、プロパティパレットを表示してプロパティを変更する。
- 「距離名」を「締め付け長さ」とする
- グリップはナット側だけに表示したいので、「グリップの数」は「1」にする

4 パラメータの位置に黄色で ⚠ アイコンが表示されているのは、アクションが設定されていないことを示す警告マークだ。「ブロックオーサリングパレット」で [アクション] タブに移り、「ストレッチ」のアクションを選択する。

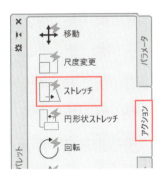

5 「パラメータを選択：」のプロンプトに対して、「締め付け長さ」のパラメータを選択する。「締め付け長さ」が変われば「ストレッチ」アクションが実行されるというパラメータとアクションの組み合わせの設定だ。

HINT
ここではわかりやすくするために、パラメータとアクションを別々に設定しているが、パラメータとアクションが1組になったパラメータセットで設定することもできる。

6 「アクションと関連付けるパラメータ点を指定：」に対しては、動かすほうの点である3の点をクリックし、「ストレッチ枠の最初の点を指定：」に対して4→5の2点で範囲を指示する。

7 「ストレッチするオブジェクトを指定 オブジェクトを選択：」は、ストレッチの対象となる図形だ。これも4→5の2点をもう一度指示する。

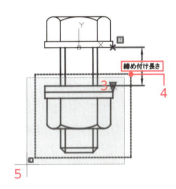

HINT
6 ではストレッチする範囲を「最初の点」「もう一方のコーナー」という形で4→5と指定する。7 では対象図形を4→5の交差選択で指定している。

8 ここまでの作業でダイナミックブロックは完成したはずだ。動作の確認はブロックエディタ内でできる。[ブロックエディタ] タブ−[開く／保存] パネルにある [ブロックをテスト] (BTESTBLOCK) コマンドを実行する。

179

9 ▼のグリップを動かすと、ちゃんとボルトの長さが変化する。

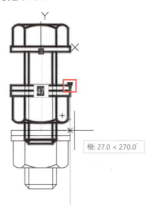

10 ［テストブロックを閉じる］でテストを終了してブロックエディタに戻る。

11 ［ブロックを保存］（BSAVE）でブロックを保存してから、［エディタを閉じる］（BCLOSE）でブロックエディタを終了すればダイナミックブロックは完成だ。くれぐれも作成したブロックを保存するのを忘れないように。

78 ダイナミックブロックの作り方 〜ルックアップ〜

☝ ルックアップとは

ブロック「ボルト・ナット」に「ルックアップ」のパラメータとアクションを追加してみる。ルックアップというのは表を使ってパラメータを設定することだ。ここではボルトの締め付け長さをリストから設定できるようにする。

リストには締め付ける板厚ごとの数値を用意しておく。リストからPL-9とPL-12の組み合わせ「9+12」の項目を選べば、締め付け長さが自動的に21mmになるようボルトの図が変わるという仕組みだ。

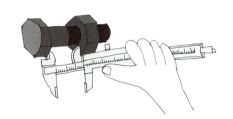

🌀 締め付け長さにルックアップ設定

1 ブロックエディタに入り、「ブロックオーサリングパレット」の[パラメータ]タブから「ルックアップ」パラメータを選び、わかりやすい位置に配置する。

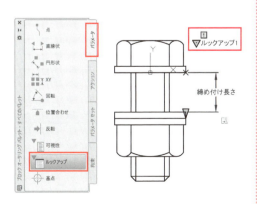

2 アクションを設定する。[アクション]タブに切り替えて「ルックアップ」アクションを選択し、「ルックアップ1」パラメータを選択する。

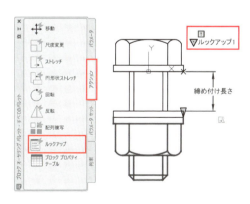

3 「プロパティルックアップテーブル」が表示される。「締め付け長さ」のプロパティを使うので、[プロパティを追加]ボタンをクリックする。

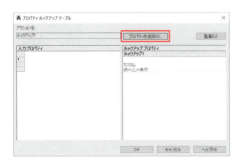

4 「パラメータプロパティを追加」ダイアログボックスが表示されるので、「締め付け長さ」が表示されていることを確認して[OK]ボタンでダイアログボックスを閉じる。

5 「プロパティルックアップテーブル」に戻り、「入力プロパティ」と「ルックアッププロパティ」を入力していく。
「ルックアッププロパティ」は図面上でグリップをクリックしたときに表示される項目になる。「入力プロパティ」が実際に「締め付け長さ」の値として使われる数値だ。
「ルックアッププロパティ」の一番下で「逆ルックアップを許可」としておく。この設定で、リストで項目を選べば「締め付け長さ」が変わるようになる。

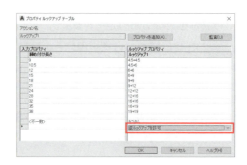

6 ブロックエディタでテストをしてみる。ルックアップのグリップをクリックして表示されるリストから項目を選べば、選んだ値に応じて締め付け長さが変わるようになった。

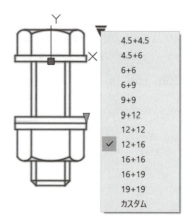

79 ダイナミックブロックの作り方 〜反転と回転〜

👉 ダイナミックブロックを反転／回転

ブロック「ボルト・ナット」に回転と反転のパラメータとアクションを追加してみる。

ボルトの方向が反転したり、基点を中心に回転したりする。

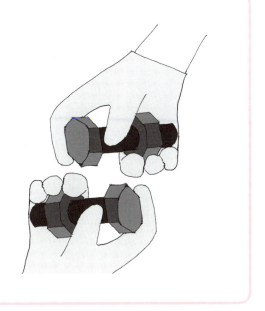

ボルトの方向を反転

1 ブロックエディタに入り、「ブロックオーサリングパレット」で「反転」パラメータを選ぶ。

- 「対称軸の基点を指定：」に対して0,0の原点1を指示する
- 「対称軸の終点を指定：」で水平になるよう点2をクリックする
- 「ラベルの位置を指定：」で「反転状態1」のラベルを図の位置に配置する

HINT
このボルト・ナットのブロックはボルトの頭位置（点1）が挿入基点になるように作られている。ブロックエディタ内ではこの基点が原点になる。

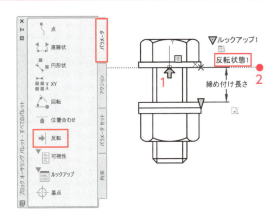

第11章　ダイナミックブロックを使いこなす

2 次は「反転」アクションを選ぶ。
- 「パラメータを選択:」に対して「反転状態1」のパラメータを選択する
- 「アクションのための選択セットを指定」では直線状パラメータなどを含む全図形を選ぶ

> **Caution**
> ここでパラメータを選択図形に含めておかないと、反転したときにパラメータだけが取り残されてしまう。

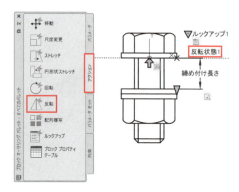

3 ブロックエディタでテストする。図のように矢印形状のグリップをクリックすると、各種パラメータを含めてすべてが反転する。

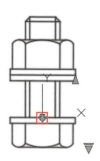

原点を中心に回転

1 ブロックエディタに入り、「回転」パラメータを選ぶ。
- 「基点を指定:」に対して0,0の原点1を指示する
- 「パラメータの半径を指定:」で適当な半径になるよう点2をクリックする

- まっすぐの状態で挿入させるため、「既定の回転角度を指定:」で「0 Enter」と入力する

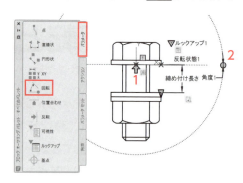

2 次は「回転」アクションを選ぶ。
- 「パラメータを選択:」に対して「角度1」のパラメータを選択する
- 「アクションのための選択セットを指定:」では反転と同様にパラメータなどを含む全図形を選ぶ

> **Caution**
> ここでもパラメータを選択図形に含めて、回転したときにパラメータだけが取り残されてしまわないようにする。

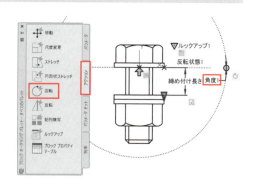

3 ブロックエディタでテストする。図のように●のグリップを選択して動かすとボルト・ナットとパラメータが挿入基点であるボルトの頭位置を中心に回転する。

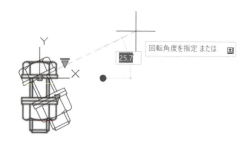

184

80 ダイナミックブロックの作り方 ～配列複写～

👉 **同じ部品を一定ピッチで並べたい**

ボルトのような部品は何本か並べて使うことが多い。そこで配列複写のアクションが役に立つ。グリップの操作だけで、一定のピッチ（ここでは60mmピッチ）でボルトが並ぶようなダイナミックブロックにする。

パラメータとしてはグリップを横に直線的に動かしたときに配列複写するようにするので、「直線状」パラメータを使う。

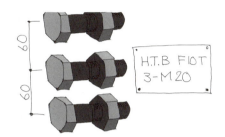

横方向に配列複写

1 ブロックエディタに入り、「ブロックオーサリングパレット」で「直線状」パラメータを選び、以下の操作をおこなう。

- 「始点を指定：」に対して0,0の原点1を指示する
- 「終点を指定：」に対して右水平方向の点2を指示する
- 「ラベルの位置を指定：」に対して点3のあたりを指示する

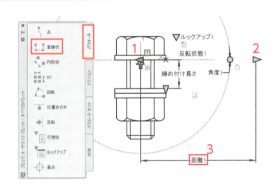

2. 「距離1」のパラメータをプロパティパレットで表示させ、いくつかの設定をおこなう。
- 距離名を「全長」とする
- 「距離タイプ」を「増分」として一定距離単位でのみ動くようにする
- 「距離の増分」を「60」とする
- 「グリップの数」を「1」とする

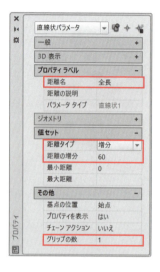

3. 「配列複写」アクションを選ぶ。
- 「パラメータを選択：」で「全長」パラメータを選択する
- 「アクションのための選択セットを指定：」で全図形を選択する
- 「X方向の間隔を指定（|||）：」では配列複写のピッチ「60」を入力する

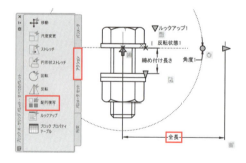

4. ブロックエディタでテストをしてみる。全長を変えると60ピッチにボルトが並んでいく。

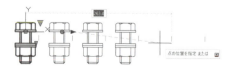

回転するとおかしなことに

1. 「配列複写」のアクションを設定した「ボルト・ナット」ブロックを回転させてから配列複写すると、図のようにボルトが単体で回転してしまう。これは「回転」アクションの対象に配列複写で使う「全長」のパラメータが含まれていないからだ。

2. すでに設定した「回転」アクションの対象に「全長」のパラメータが含まれるように変更しよう。ブロックエディタで図のように「回転」アクションのアイコンを選んで右クリックし、［アクション選択セット］－［新しい選択セット］を選択する。
「アクションのための選択セットを指定：」のプロンプトに対して「全長」パラメータを含む全図形を指定し直す。

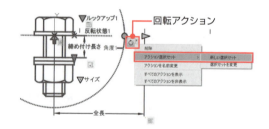

3. この結果、「全長」パラメータも回転の対象となり、配列複写は回転した方向に正しくおこなわれるようになる。

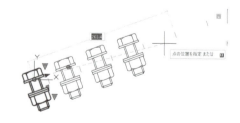

81 ダイナミックブロックの作り方 ～可視～

見せるもの／見せないものを切り替える

これまではM20というボルトのサイズのまま、図形を変形させるダイナミックブロックを作ってきた。ここではさらにM20とM22の2つのサイズにかんたんに切り替えられるようにする。そのためには「可視性」パラメータを使い、「可視性の状態」を2つ設定して、見せるもの／見せないものを切り替えるという形をとる。

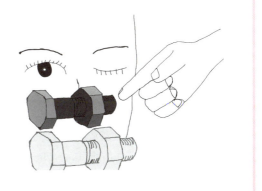

M20とM22を切り替え

1 ブロックエディタで現在のM20のボルト・ナットの横にM22のボルト・ナットの図（ブロックではない）を並べて表示する。

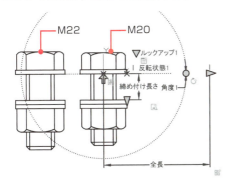

2 「可視性」パラメータを適当な位置に配置し、その名前を「可視性1」から「サイズ」に変更する。

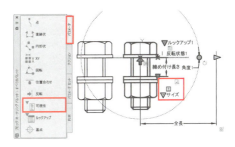

3 リボンの［ブロックエディタ］タブー［可視性］パネルにある［可視性の状態］をクリックする。

187

4 「可視性の状態」ダイアログボックスで「可視性の状態0」を「M20」に名前変更し、[新規作成]ボタンで新たに「M22」を新規作成したら[OK]ボタンをクリックする。

5 ここで「M20」と「M22」の切り替えを設定する。[可視性]パネルでコントロールを「M20」にし、[可視性モード](BVMODE)ボタン をクリックする。非表示状態が薄く表示される設定になるので、[非表示にする](BVHIDE)ボタン をクリックし、現在の「M20」で見せない「M22」の図形を選択して非表示に指定する。

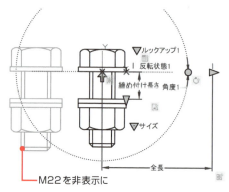

6 コントロールを「M22」に切り替え、[表示する](BVSHOW)ボタン も使いながら同様に設定する。

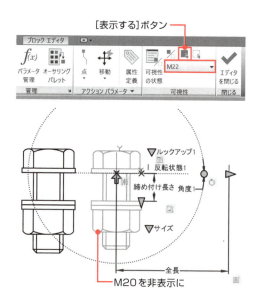

7 切り替えの設定が完了したら、M20の図形とM22の図形を重ね合わせる。

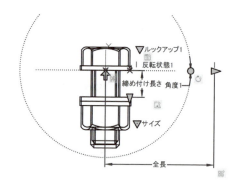

8 「ストレッチ」や「回転」などのM20に設定した各アクションのアイコンを選択して右クリックし、[アクション選択セット]-[新しい選択セット]で対象図形にM22を追加する。これでマウス操作ひとつでサイズの変わるボルト・ナットのダイナミックブロックが完成する。

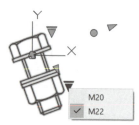

82 ダイナミックブロックの作り方 〜尺度変更〜

「尺度変更」でサイズ切り替え

ここではボルト頭の平面図を対象に、「尺度変更」でサイズが切り替わるようにしてみよう。

基準になるのは六角ボルトの「2面幅」という寸法だ。ボルトのサイズによってこの2面幅が決まっている。

「81. ダイナミックブロックの作り方〜可視〜」(P.187)でとりあげた「可視」を使う方法でも図形のサイズを切り替えることができるが、すべての種類の図形をブロック内に持つ必要がある。それに対して「尺度変更」を使う場合は、図形が1種類なのでデータのサイズが小さくてすむという利点がある。

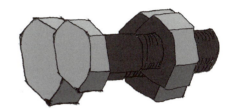

尺度変更でサイズを変える

1 ブロックエディタに入り、「ブロックオーサリングパレット」で「直線状」パラメータを配置する。プロパティパレットでパラメータの「距離名」を「2面幅／2」とし、「グリップの数」を「1」にする。

 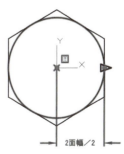

第11章　ダイナミックブロックを使いこなす

2 次に「2面幅／2」のパラメータが変われば全体の大きさ＝尺度が変わるよう「尺度変更」アクションを設定する。「パラメータを選択：」のプロンプトに対し、「2面幅／2」のパラメータを指定する。「アクションのための選択セットを指定：」のプロンプトに対しては全図形を選択する。
この状態でテストしてみると、ちゃんとグリップの移動で全体の尺度が変わる図形になっている。

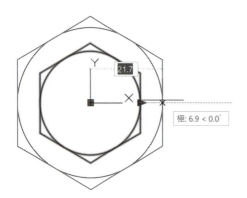

3 ボルトサイズと「2面幅／2」のパラメータの関係は「ルックアップ」パラメータ、アクションで設定する。図のように「プロパティルックアップテーブル」を設定する。

4 図のようにサイズの切り替えで大きさの変わるボルトの平面図ができる。

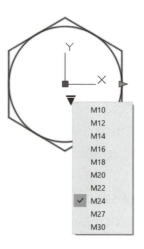

> **HINT**
> ここではM10のボルトの六角形の2面幅は16mmなので、「M10」を選んだときは、2面幅は半分の8mmになる。

第12章

シートセットマネージャと
外部参照

シートセットを使えば、まとめて印刷ができる。い
くつかのファイルをまとめての印刷ではない、複数
のファイルにまたがる複数のシートを選んでの印刷
ができる。

工事名の変更、図面名の変更、図面の追加に
シートセットは対応できる。図面リストもいつも最新のものを維持できる。
モデルには適当な配置で図面を置いて、シートセットに登録されたビューを
使って美しい図面の配置をおこなうというAutoCADらしい作図もできる。
外部参照は図面と図面をリンクさせる機能だ。シートセットと外部参照、こ
こがポイントというテクニックを紹介する。

第12章　シートセットマネージャと外部参照

83 シートセットマネージャでまとめて印刷

複数の図面をひとかたまりに

図面はプロジェクト単位でフォルダを作り、複数のファイルを管理するのが一般的だが、シートセットマネージャは図面をシート単位で管理する。1つのファイルを開いた状態で複数の図面をひとかたまりとして扱うことができる。工事やプロジェクト単位で管理できて便利だ。

シートセットマネージャのもっともかんたんかつ基本的な使い方は、プロジェクトごとの印刷ツールとして使うことだ。シートセット作成からプロジェクト単位の印刷まで、その手順を紹介する。

シートセットを作る

シートセットを白紙から作るときはウィザードを起動する。いくつかの設定をしていくと基本的なシートセットができあがる。

1 図面を開いた状態でアプリケーションメニューの[新規作成]-[シートセット]を選ぶ。

2 「シートセットを作成」ウィザードがスタートする。ここでは既存の図面をシートセットとして使うことにする。「既存の図面から作成」を選んで［次へ］ボタンをクリックする。

3 「シートセットの名前」欄を入力して、［次へ］ボタンをクリックする。

4 ［参照］ボタンで図面のあるフォルダを選ぶと、図面とシートの一覧表が表示される。使わない図面やシートのチェックを外し、［次へ］ボタンをクリックする。

5 「シートセットのプレビュー」で選択したシートの一覧が表示される。［完了］ボタンでウィザードが終了すると、「シートセットマネージャ」パレットが表示される。

6 シートセットの操作はこの「シートセットマネージャ」パレットを使っておこなう。［シート一覧］タブにシートの一覧が表示される。

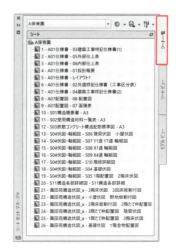

HINT

「シートセットマネージャ」パレットは、リボンの［表示］タブ－［パレット］パネル－［シートセットマネージャ］（SHEETSET）コマンドで表示できる。

193

シートセットマネージャで印刷

シートセットに登録された図面はまとめて印刷するのが便利だが、一部のシートを選んで印刷することもできる。

● シートをすべて印刷する

「シートセットマネージャ」の右上の[パブリッシュ]ボタン（ 🖶 ）をクリックして［プロッタにパブリッシュ］を選ぶ。

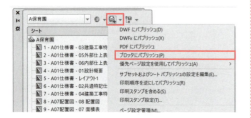

HINT
印刷結果はステータスバーにバルーンで表示される。ここでは「エラーと警告があります」の例を示す。

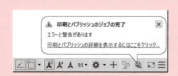

バルーンの「印刷とパブリッシュの詳細を表示するにはここをクリック...」をクリックすると、「印刷とパブリッシュの詳細」ダイアログボックスで詳細が表示される。ここでは赤字で「シートはキャンセル」と表示され、ユーザによって中断されたことがわかる。

● 一部のシートを印刷する

Shift キーや Ctrl キーを使い、目的のシートをいくつか選んで右クリックし、［パブリッシュ］−［プロッタにパブリッシュ］を選択する。

HINT
既定（デフォルト）ではシートセットマネージャからの印刷はバックグラウンドでおこなわれ、印刷中も作図作業ができるようになっている。ただしバックグラウンド印刷にとても時間がかかり、いつまでたっても印刷が完了しないということも起きてしまう。
そのような場合はバックグラウンドで印刷しないように「オプション」ダイアログボックスの[印刷とパブリッシュ]タブの「バックグラウンド処理のオプション」で「パブリッシュ」のチェックを外しておく。

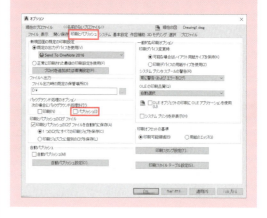

84 工事名をシートセットマネージャで使う

シートセットのプロパティ

シートセットを使うメリットにシートセットのプロパティがある。図面1つ1つのプロパティでなく、複数の図面（シート）を横断して設定できるプロパティだ。

このシートセットのプロパティに工事名を使うことで、図面中の工事名を使う箇所すべてでプロパティの値を使うことができる。工事名が変更になればプロパティを変更するだけで、多数の図面に記載された工事名が一度に変更される。

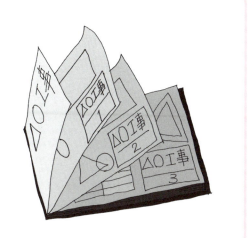

工事名を設定して使う

シートセットのプロパティとして「プロジェクト名」がAutoCADの標準プロパティとして備わっているので、このプロパティを工事名として使う。

1 「シートセットマネージャ」パレットを開き（P.193 HINT参照）、目的のシートセット（ここでは「A保育園」）を選んで右クリックし、[プロパティ]を選択する。

第12章 シートセットマネージャと外部参照

2 「シートセットプロパティ - A保育園」が表示されるので、「プロジェクト名」欄に工事名「A保育園新築工事」を入力する。

3 このプロジェクト名を図面のタイトルや仕様書内で使うには図のようなフィールド（P.134「58. 図形と連動する面積値」参照）を使う。ここでは設計概要書の工事名称欄にプロジェクト名が自動で入るようにしている。
図面枠に記入する工事名欄でもこのフィールドを使うようにしておけば、大量の図面で工事名が変更になっても1枚1枚を変更する作業は不要だ。

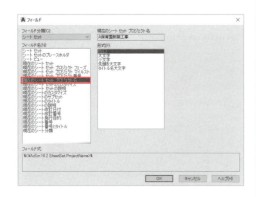

ユーザ独自のシートセットプロパティ

シートセットのプロパティに独自のものを追加することもできる。ユーザが追加するプロパティは「カスタムプロパティ」と呼ばれる。

1 「シートセットプロパティ」ダイアログボックスの下の[カスタムプロパティを編集]ボタン（左図参照）をクリックして「カスタムプロパティ」ダイアログボックスを表示し、[追加]ボタンをクリックする。

2 「カスタムプロパティを追加」ダイアログボックスが表示される。名前や既定値を入力し、「オーナー」は複数の図面に共通のプロパティなので「シートセット」とする。

3 カスタムプロパティが追加される（ここでは「建設地」と「施主」）。

85 シートセットマネージャでビューを使いこなす

作図しながらビューを登録

「ビュー」とはビューポート内に表示される内容のことで、表示する範囲や表示スタイル、UCSの設定なども含んでいる。

シートセットを使えばレイアウトへのビュー配置がかんたんにおこなえる。図面を作図しながらビューを登録して、そのビューを白紙のレイアウトに並べれば、レイアウトを使った図面が1枚できあがる。

ビューを並べて図面を作る

図面をかきながらビューを登録していく手順を説明する。たとえば図のような部分詳細図を[モデル]タブで作図したとする。この部分詳細図をレイアウトに配置して図面として仕上げたい。

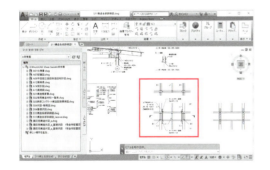

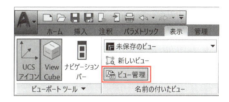

1 リボンの[表示]タブ−[名前の付いたビュー]パネルの[ビュー管理](VIEW)コマンドを実行する。

HINT
[名前の付いたビュー]パネルが非表示になっている時は、リボンの何もないところで右クリックして[パネルを表示]−[名前の付いたビュー]にチェックを入れる。

2 [ビュー管理]ダイアログボックスで[新規作成]ボタンをクリックする。

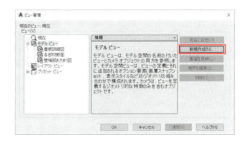

197

3 [ビュー名]（ここでは「上下接合部詳細」）を入力する。「境界」は窓で囲んで指定するので「窓で選択」を選ぶ。

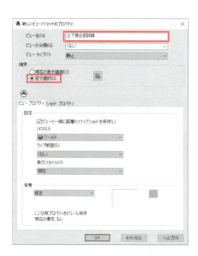

4 作図画面に切り替わる。この「上下接合部詳細」のビューの範囲を窓選択で指示する。Enterキーで確定すると元のダイアログボックスに戻る。[OK]ボタンをクリックする。

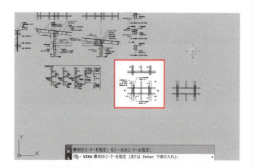

5 この範囲が「上下接合部詳細」というビューで登録された。ダイアログボックスを閉じ、いったん図面を保存する。

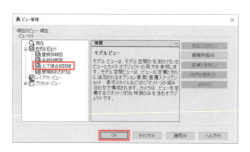

6 シートセットマネージャの[モデルビュー]タブにも「上下接合部詳細」が登録される。どの図面ファイルにどのようなビューが登録されているかがここでわかる。

7 この図面に白紙のレイアウトを追加し、目的のビューを[モデルビュー]タブからレイアウトにドラッグ＆ドロップで配置する。
ドラッグ＆ドロップの途中で右クリックすれば尺度もすぐに変更できる。用紙全体の大きさを見ながら、レイアウトに適当な大きさでビューを配置していける。

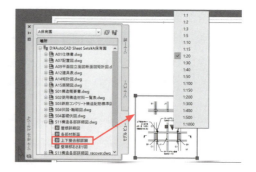

HINT
先にビューをいくつも登録しておき、レイアウト作成の段階で図面としての見映えや構成を考えながらバランスよく配置していくのが効率的だ。

8 ビューを配置した新しいレイアウトを、レイアウトのタブ上で右クリックし、[レイアウトをシートとして読み込み]を選択してシートセットに追加する。

86 外部参照の使い方

外部参照とは

別の図面を今開いている図面に挿入して貼り付けるのは「ブロック挿入」だが、「外部参照」というのは「ここに別の図面を置きますよ」という情報だけを挿入することだ。挿入された図面の本体は開いている図面とは別のところにあるので、図面サイズは大きくならない。元の図面が変更されれば今の図面も変更される。要するに「リンク」だ。今のようにホームページもリンクもなかった時代から、AutoCADは「外部参照」という方法でこれを実現してきた。

外部参照としてアタッチする

ここに図面が3つある。流し台置き場とコンパクトキッチンは1階では組み合わせて使い、2階ではコンパクトキッチンだけで使う。コンパクトキッチンはまだメーカーが決まっていないので、後日メーカーが確定すれば2箇所ともメーカーに合わせて修正したい。こういう場合に「外部参照」を使えば作業がうまく進む。

A保育園平面図

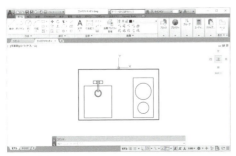

コンパクトキッチン

流し台置き場

第12章　シートセットマネージャと外部参照

1 流し台置き場にコンパクトキッチンを外部参照ーアタッチで挿入する。
「流し台置き場.dwg」を開いておく。リボンの［表示］タブー［パレット］パネルの［外部参照パレット］（EXTERNALREFERENCES）コマンドを実行して「外部参照」パレットを表示させる。

2 「外部参照」パレットの［DWGをアタッチ］ボタンをクリックして、「参照ファイルを選択」ダイアログボックスを表示させる。「コンパクトキッチン.dwg」を選び、［開く］ボタンをクリックする。

3 「外部参照アタッチ」ダイアログボックスでは「アタッチ」を選ぶ。

4 これで図のように「流し台置き場」に「コンパクトキッチン」を配置した図面ができる。これを「流し台置き場_コンパクトキッチンをアタッチ.dwg」として保存する。

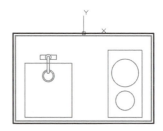

オーバーレイで外部参照すると

外部参照には「アタッチ」のほかに「オーバーレイ」という方法がある。2つの方法は外部参照を入れ子（ネスト）にしたときに違いが出る。

1 前出 **2** と同じ操作で「外部参照アタッチ」ダイアログボックスを開き、「オーバーレイ」を選ぶ。この図面を「流し台置き場_コンパクトキッチンをオーバーレイ.dwg」として保存しておく。

2 「流し台置き場_コンパクトキッチンをアタッチ.dwg」（A）と「流し台置き場_コンパクトキッチンをオーバーレイ.dwg」（B）を「A保育園平面図」に外部参照として配置してみる（このときの参照タイプは「アタッチ」）。
Aは外部参照のさらにまた外部参照という二重の外部参照が許され、コンパクトキッ

チンが表示されている。
Bは外部参照先が外部参照している図面は無視され、表示されない。

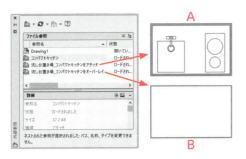

HINT
この機能を使って図面間の複雑なリンクをコントロールできる。例としては「96. RevitでDWGファイルを使う」のHINT（P.226）を参照されたい。

変更を反映する

図面の変更を反映するときは「外部参照」パレットから行う。

1 「外部参照」パレットでコンパクトキッチンを選んで右クリックし、[開く]を選ぶ。

2 図のようにコンロの数を2つから1つに変更して、保存し直す。

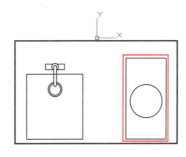

3 ステータスバーに図のようなバルーン通知が表示されるので、「再ロード コンパクトキッチン」をクリックすると、平面図に配置されたすべてのコンパクトキッチンの形状が変更される。

87 外部参照をブロック挿入

外部参照をブロック挿入に置き換えるには

外部参照を使った図面で、外部参照をやめて普通のブロック挿入に置き換えなければいけないことがある。外部参照に対応していないJw_cadなどのCADソフトに図面ファイルを渡すときもそうだ。

このような場合は「外部参照」パレットで右クリックし、[バインド]を選ぶと参照先の図面がブロックとして挿入される。

参照先図面をバインドする

1 [外部参照パレット](EXTERNAL REFERENCES)コマンドを実行して「外部参照」パレットを表示する。挿入したい図面ファイルを選択して右クリックし、[バインド]を選ぶ。

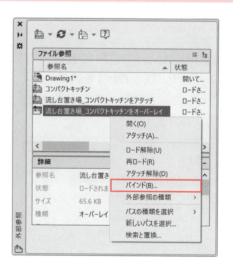

2 表示される「外部参照／DGNアンダーレイをバインド」ダイアログボックスで「個別バインド」を選ぶと外部参照先の図面名を使った画層が追加される。「挿入」を選ぶと画層名が1つに統一される。この場合、同じ画層名があるときは外部参照元の図面にある画層の色や線種が優先される。

88 外部参照が切れている図面をさがす

> **参照管理ユーティリティ**
>
> 作図後のファイルの移動や設定のミスで外部参照が切れてしまうことがある。
>
> 外部参照を管理するツール「参照管理ユーティリティ」がAutoCADと別に用意されており、それを使って切れてしまった外部参照を検出し、パスを設定し直すことができる。

参照管理ユーティリティを使う

1 Windowsのスタートメニューから「AutoCAD」の中にある「参照管理ユーティリティ」を選択する。

Version
AutoCAD LTには「参照管理ユーティリティ」が付属していない。

2 「参照管理ユーティリティ」が起動するので、「図面を追加」で目的の図面を開く。

3 表示される「参照管理 - 外部参照を追加」ではネストのレベルに応じてどちらかを選ぶ。

HINT
外部参照先がさらに別の図面を外部参照していて(これをネストという)、それらすべての外部参照を確認したいなら上、そうでないなら下の項目を選ぶ。

4 図のように「参照管理ユーティリティ」で使用しているファイルの一覧が表示される。黄色い三角アイコンで表示されるのが問題ありの項目だ。外部参照では、2項目が切れてしまって見つからない。

5 外部参照が切れてしまっている項目を選択して右クリックし、[選択パスを編集] を選ぶ。

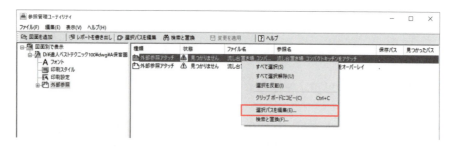

6 「選択パスを編集」ダイアログボックスが表示されるので、ここに正しい参照先のファイルがあるフォルダ名（パス）を入力して[OK]ボタンをクリックする。

7 「参照管理ユーティリティ」に戻ると、「状態」が黄色の三角から緑のチェックマークに変わり、問題は解消された。メニューから [ファイル] - [変更を適用] を選ぶと図面が保存され、切れた外部参照は修復される。

第13章

他のアプリケーションと連携する

　　　　　　設計でもExcelで表作成、Wordで文書作成は必ずおこなわれる。PDFも作成する。
　　　　　　AutoCADと他のアプリケーションを上手に組み合わせて使う方法が必要になる。AutoCADでの変更がかんたんに他の資料の変更につながれば間違いを防ぐことができる。作業時間も節約できる。
　　　RevitやArchiCADなどのBIMアプリケーションと組み合わせる作業も昨今では必須だ。インターネットを使った共同作業もこれからは使えないといけない。メールで図面を渡すより、ずっと便利な方法がA 360だ。インターネットさえつながればいつでも図面を編集できるAutoCAD WebアプリやAutoCADモバイルアプリもある。さまざまな技術の使いこなしをこの章では紹介する。

第13章 他のアプリケーションと連携する

89 AutoCADだけでPDFを作成

Acrobatがないと PDF が作成できない？

Adobe Acrobat などの PDF 作成アプリケーションがないと PDF ファイルが作成できないと思われているユーザもいるかもしれないが、AutoCAD は単体で PDF ファイルを作成することができる。AutoCAD から作られた PDF ファイルはベクトルデータになるので、ラスターデータと違いサイズも小さく、AutoCAD で開くとオブジェクトスナップも効くという利点もある。

PDF を作成するには2つの方法がある。アプリケーションメニューからファイルの書き出しを使う方法と、印刷で AutoCAD 付属の専用 PDF プリンタを指定する方法だ。

PDF ファイルへの書き出し

レイアウトやモデルのページ設定がきちんとおこなわれていれば、ファイルの書き出しを使って PDF を作成できる。

1 アプリケーションメニューから［書き出し］－［PDF］を実行する。

2 「PDF に名前を付けて保存」ダイアログボックスが表示される。右側には PDF 書き出しについての現在の設定項目が表示されている。［保存］ボタンで指定した PDF ファイルに図面が書き出される。

Version
2016以降のバージョンは「PDFプリセット」によってあらかじめ設定された内容を選択できる。

> **HINT**
> 「PDFに名前を付けて保存」ダイアログボックスの［オプション］ボタンで表示される「PDF書き出しオプション」ダイアログボックスで、PDF書き出しの「現在の設定」の変更やその他の詳細設定ができる。画層情報をPDFに含めるかどうかもこのダイアログボックスで設定する。

> **HINT**
> 「印刷」ダイアログボックスの［PDFオプション］ボタンをクリックすると、「PDF書き出しオプション」ダイアログボックス（左図参照）とほぼ同じ内容の「PDFオプション」ダイアログボックスが表示される。［印刷］で作成するPDFの詳細設定はPDF書き出しと同じようにこの「PDFオプション」ダイアログボックスでおこなう。

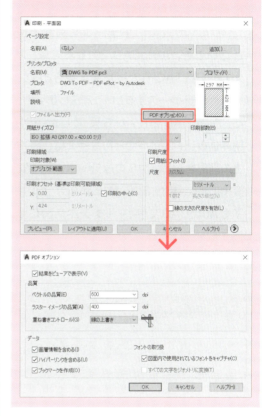

❺ ［印刷］でPDFに出力

［印刷］を使ってPDFを作成することもできる。「印刷」ダイアログボックスの「プリンタ／プロッタ」の「名前」でAutoCADに付属しているプリンタドライバである「DWG To PDF.pc3」を選択し、［OK］ボタンをクリックする。

第13章 他のアプリケーションと連携する

90 PDFからAutoCAD図形を作成

👉 直接AutoCAD図形に変換

ベクトル形式のPDFデータを図面で使いたいとき、AutoCAD 2016までは[アタッチ]（ATTACH）でPDFを下敷きとして、その上からトレースするという方法しかなかった。AutoCAD 2017から登場した[PDF読み込み]（PDFIMPORT）を使えば、PDF上の図形をAutoCADの線分やポリラインに変換できる、また、制限はあるがPDF上の文字もAutoCAD文字（マルチテキスト）に変換することができる。

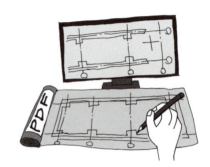

PDF読み込み

ここでは、図のような配置図のPDFをAutoCADで読み込む。

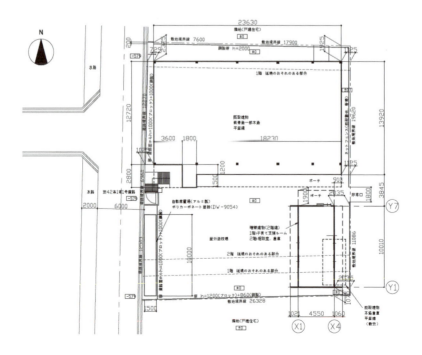

90　PDFからAutoCAD図形を作成

1 [挿入] タブの [読み込み] パネルの [PDF 読み込み]（PDFIMPORT）を実行する。

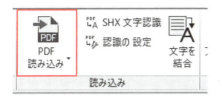

2 「PDFファイルを選択」ダイアログボックスが開く。開きたいPDFファイルを選択する。

3 「PDFを読み込む」ダイアログボックスが表示され、PDFが尺度「1:150」で作られていることがわかる。大きさを正確に調整することはここではおこなわないので、「尺度」は「1」とし、他は既定値のままとした。

PDFの尺度

HINT

「PDFを読み込む」ダイアログボックスの「読み込むPDFデータ」と「画層」では次のような設定ができる。

読み込むPDFデータ：PDFデータの中のどの要素を読み込むかを指定する。図面がベクトル要素で作られていることが明らかな場合は「ベクトルジオメトリ」にチェックを入れる。スキャナーで取り込んだ画像などの場合は「ラスターイメージ」にチェックを入れる。

画層：CADで作られたPDFデータで、画層やレイヤーを持っている場合は「PDFの画層を使用」にチェックを入れると、AutoCADに読み込んだ時点で「PDF_」を頭文字とした画層が作られる。

4 [OK] ボタンで「PDFを読み込む」ダイアログボックスを閉じると、図のようにおおむね正しく図形が表示された。

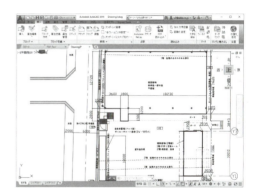

5 拡大して詳しく見ると、PDFの線が次のような図形に変換されている。

- 寸法線：ポリライン
- 文字：ポリラインの組み合わせ
- 破線：短いポリラインやソリッドの集まり
- 幅のあるポリライン：ポリライン

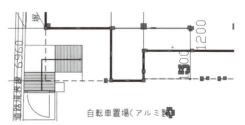

209

線分の文字をAutoCADの文字に

さすがに細かい線分で文字が作られているのでは変更するときに困る。線分で作られた文字をAutoCADのマルチテキストに変換する。対象とするのは寸法値の文字だ。

1 最初に［挿入］タブの［読み込み］パネルの［認識の設定］を実行する。

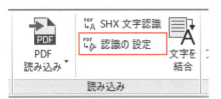

2 「PDF文字認識設定」ダイアログボックスで、「比較するSHXフォント」を「txt」のみとし、「認識しきい値」を「50」％と設定した。

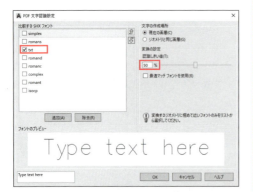

3 ［挿入］タブの［読み込み］パネルの［SHX文字認識］（PDFSHXTEXT）を実行し、対象とする寸法値を選択する。

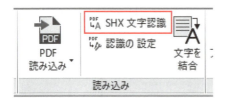

4 変換に成功すると図のような「SHX文字を認識」ダイアログボックスが表示される。

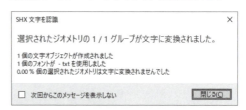

5 図の上が変換前のポリラインで作成された寸法値で、下がAutoCADのマルチテキストに変換された結果だ。「1800」が一つのマルチテキストになっていて扱いやすく、値の変更もできる。

> **HINT**
> この変換が可能なのは水平に書かれた文字だけで、垂直方向の寸法の値は変換できない。また2バイトの日本語や「MSゴシック」などのTrueTypeフォントも対象外だ。

91 ExcelからAutoCADの表へ

Excelの表での変更をAutoCADの表に反映

最近はAutoCADだけで設計や製図がすむことはなくなってきた。さまざまなソフトウェアを組み合わせて作業をおこなう必要がある。ここではOfficeアプリケーションの代表格であるExcelとAutoCADの連携を考える。

Excelの表をAutoCADで使う。このとき、Excelの表が変更になればAutoCADの表も変更されるよう「リンク貼り付け」という方法で貼り付ける。

リンク貼り付けをする

図のようなExcelの表を白紙のAutoCADファイル（テンプレートはacadiso.dwt）で使いたいとする。表のF列には式が入力されており、質量を自動計算するようになっている。

1 Excelで表の範囲を選択して右クリックし、［コピー］を実行する。これでこの表がクリップボードにコピーされる。

2 AutoCADでリボンの［ホーム］タブー［クリップボード］パネルの［形式を指定して貼り付け］（PASTESPEC）コマンドを実行する。

211

3 AutoCADで「形式を選択して貼り付け」ダイアログボックスが表示される。ここで「リンク貼り付け」にチェックを入れて、「貼り付ける形式」は「AutoCAD図形」を選択する（AutoCAD図形の種類は「表」になる）。

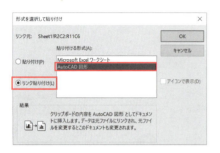

HINT
ここでは現在の表スタイルが既定値の「Standard」になっている状態で、表をリンクさせている。リンクされた表のスタイルは、現在の表スタイルに依存する。

変更を反映する

Excelでの変更がAutoCADの図面に反映されるか確認してみる。

1 Excelに戻って数量「20」となっている2行目のデータを数量「2」に変更して保存する。

2 「リンク貼り付け」に設定してあるので、AutoCADのステータスバーに図のような「データリンクは変更されました」というバルーン通知が表示される。

3 ここで「次のデータリンクを使用して表を更新：Excelデータリンク1」をクリックすると、図面上のデータが新しい数字に更新される。もちろん質量の計算も正しく更新される。

Caution
「貼り付ける形式」として「Excelワークシート」を選んでも見た目は問題なく動作するのだが、Excelのバージョンやコンピュータの環境に依存してリンクがうまくいかないことがあり、トラブルの元になる。確実な「AutoCAD図形」を選ぶことをおすすめする。

4 「形式を選択して貼り付け」ダイアログボックスの [OK] ボタンをクリックして挿入位置を指定すると、AutoCAD作図ウィンドウに表が作成される。

5 文字の位置合わせを調整する。見出し行と「断面」列以外を範囲選択して右クリックし、[位置合わせ]－[右中央]を選択する。

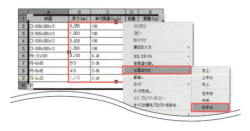

HINT
コンピュータの環境によっては 2 のバルーン通知が表示されない。その時は表を選択して右クリックし、[表のデータリンクを更新]で更新する。

92 属性をExcelで集計

データをExcelに書き出す

ブロックに属性を持たせる方法は「52. ブロックに属性を追加する」(P.120)で解説した。AutoCADにある属性をExcelで集計できる。ブロックの数や種類を手で数えるより、この方法のほうが間違いがない。

ここではAutoCADで[データ書き出し](DATAEXTRACTION)コマンドを使って属性を集計する方法を紹介する。ただし、AutoCAD LTではこのコマンドは使えず、[属性書き出し](ATTEXT)コマンドを使うことになる。

データ書き出しを使う

ブロック属性の集計は非表示、つまりオモテに出ない属性にも使える。ここでは図面上に配置した建具記号に「価格」という属性を持たせ、この値は非表示になるように設定してあるものとする。この図面上の建具記号ブロックの属性を集計して、Excelファイルで開ける集計表を作成する。

1 図面上のブロックの集計はリボンの[挿入]タブ−[リンクと書き出し]パネルの[データ書き出し](DATAEXTRACTION)コマンドを使う。

2 ウィザードの最初のページでは、「データ書き出しを新規に行う」を選んで［次へ］ボタンをクリックする。

> **HINT**
> ［データ書き出し］（DATAEXTRACTION）コマンドではウィザード形式で順に設定、入力していけば集計されたExcelシートができるようになっている。

3 「データ書き出し設定に名前を付けて保存」ダイアログボックスが表示されるので、設定を保存するファイルに名前を付けて保存する。

4 集計の対象範囲を決める。「現在の図面内のオブジェクトを選択する」を選んで、ボタンをクリックする。作図ウィンドウに切り替わるので、集計する範囲を大きく選択する。Enterキーで確定すると、ウィザードに戻る。［次へ］ボタンをクリックする。

5 ここで必要なブロックのみを選択していく。「表示オプション」で「ブロックのみを表示」を選択し、「属性を持つブロックのみを表示」と「現在使用中のオブジェクトのみ表示」にチェックを入れると、図のように該当するブロックだけが表示される。集計対象として必要なブロック（ここでは「建具記号N」）を選択して、［次へ］ボタンをクリックする。

6 「分類フィルタ」で「属性」にチェックを入れることで、図のように「建具記号N」の属性が表示される。これらの属性すべてを集計対象にするので、すべてにチェックを入れる。[次へ]ボタンをクリックする。

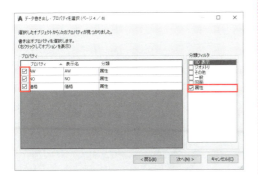

7 「名前列を表示」のチェックは外して「建具記号N」という名前が表示されないようにする。[次へ]ボタンをクリックする。

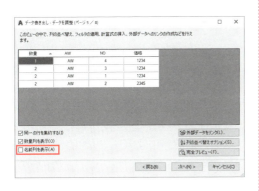

8 ここではデータ書き出しの結果を表として図面に挿入する必要はないので、「データ書き出し表を図面に挿入する」のチェックは外す。書き出すExcelのファイル名を確認して[次へ]ボタンをクリックする。

9 [完了]ボタンをクリックするとExcelファイルへの書き出しが始まる。

10 コマンドラインに「外部ファイル "○○.xls" は正常に作成されました。」のように表示されたら属性の集計作業は終了だ。Excelファイルを開いてみると、図のような表ができている。

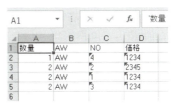

215

93 Excelで座標計算して作図

👉 Excelでの計算結果をAutoCADで作図

数値計算をするならExcelがわかりやすい。AutoCADでも計算はできるが、Excelほど使いやすくはない。一方、図面をかくならAutoCADがわかりやすい。

Excelで計算をおこなって、その結果を使ってAutoCADで作図する。たとえば土木の分野での道路線形の作図、測量データを使った敷地境界線の作図、機械ではNCデータのチェックなどに応用されている。

多角形を作図

ここではExcelで12角形の頂点の座標計算をおこない、その結果を使ってAutoCADで作図する。

1 Excelで12角形の頂点の座標計算をおこなう。角度を30度ずつ増やしながらX、Yの座標を計算する。F列にはX座標とY座標を「, (コンマ)」でつないだ文字列が入るようにする。

2 Excelで計算した12点のXY座標をつなぐ線をAutoCADで作図する。F列の1行目には「PLINE」と[ポリライン] コマンドを入れ、最終行には「C」で「閉じる」オプションのキーワードを入れている。このF列の範囲（1から14行目まで）をクリップボードにコピーする。

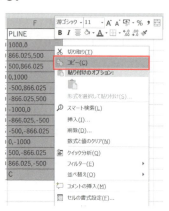

3 AutoCADで（作図ウィンドウではなく）コマンドラインに貼り付ける。

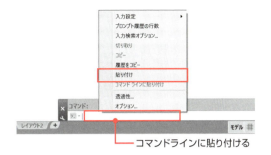

コマンドラインに貼り付ける

4 作図ウィンドウの原点を中心として12角形が作図される。コマンドラインにはExcelのF列の文字が1セル＝1行で貼り付けられる。

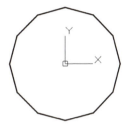

コマンド: PLINE

始点を指定: 1000,0

現在の線幅は 0.0000

次の点を指定 または [円弧(A)/2分の1幅(H)/長さ(L)/元に戻す(U)/幅(W)]: 866.025,500

次の点を指定 または [円弧(A)/閉じる(C)/2分の1幅(H)/長さ(L)/元に戻す(U)/幅(W)]: 500,866.025

次の点を指定 または [円弧(A)/閉じる(C)/2分の1幅(H)/長さ(L)/元に戻す(U)/幅(W)]: 0,1000

次の点を指定 または [円弧(A)/閉じる(C)/2分の1幅(H)/長さ(L)/元に戻す(U)/幅(W)]: -500,866.025

⋮

次の点を指定 または [円弧(A)/閉じる(C)/2分の1幅(H)/長さ(L)/元に戻す(U)/幅(W)]: 866.025,-500

次の点を指定 または [円弧(A)/閉じる(C)/2分の1幅(H)/長さ(L)/元に戻す(U)/幅(W)]: C

HINT
Excelで半径を変えたり、角度の増分を変えたりすると、さまざまな多角形やうずまき線形などをかんたんに作図できる。

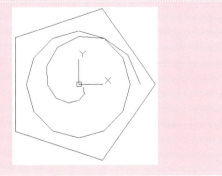

第13章 他のアプリケーションと連携する

94 図形データをExcelに

図形情報を抽出してExcelに渡すには

図面のどの座標になんという文字が書かれているか、それをExcelに一気に渡したい。AutoCADの得意とする分野である。

これらの図形データも「92. 属性をExcelで集計」(P.213)の方法で一気にExcelシートに書き出すこともできるが、AutoCAD LTでは［データ書き出し］(DATAEXTRACTION)コマンドが使えないので、ここではAutoCAD LTでも使える［オブジェクト情報］(LIST)コマンドを使う方法を解説する。

図形情報を書き出す

図のように文字や寸法、図形の作図された図面がある。この図面でどの座標（位置）にどんな文字列が書かれているかという情報を得たい。

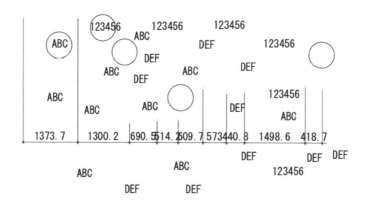

218

1 対象となる文字列のみを選択して、リボンの[ホーム]タブー[プロパティ]パネルの[オブジェクト情報](LIST)コマンドを実行する。

2 コマンドラインに次のように図形の情報が表示される。

```
TEXT    画層: "MOJI"
空間: モデル空間
ハンドル = df9
文字スタイル = "MSG_A"
異尺度対応: はい
異尺度対応の尺度: 1:100
タイプフェース ＝ ＭＳゴシック
始点 点、X= 17538.3 Y= 10905.3 Z=      0.0
用紙上の文字の高さ    2.0
モデル空間での文字の高さ    200.0
文字 ABC
回転角度 角度    0.0
幅尺度    1.0
傾斜角度 角度    0.0
続けるには[Enter]キーを押してください:
```

3 「続けるには[Enter]キーを押してください」で作業が途切れないようにシステム変数の値を変更する。キーボードから「QAFLAGS [Enter]」と入力し、システム変数QAFLAGSの値を6にする(入力は下線部)。

コマンド: QAFLAGS
QAFLAGS の新しい値を入力<6>: 6

4 図形情報を画面だけでなく、ファイルにも記録したいのでキーボードから「LOGFILENAME [Enter]」と入力して、ログファイルのパス名とファイル名を確認する。

コマンド: LOGFILENAME
LOGFILENAME = "C:/Users/u2/AppData/Local/Autodesk/AutoCad 2019/R23.0/jpn/文字座標_14b2702a0.log" (読み込み専用)

5 最後に、これからファイルにログを記録するようにするコマンド「LOGFILEON [Enter]」をキーボードから実行する。ログファイルへの記録を終了するのは「LOGFILEOFF」コマンドだ。

コマンド: LOGFILEON

6 これらの設定をしてから[オブジェクト情報](LIST)コマンドで結果をログファイルに書き出す。拡張子がlogのファイルだが、一般のテキストファイルなのでExcelで直接開くことができる。

Excelでデータを整える

このExcelシートから文字列の位置と内容のデータだけを取り出し、整形する。

1 ログファイルをExcelで開き、A列の前に列を挿入して、連続番号を挿入する。この連続番号はあとで元の順に並べ替えるときに使う。

2 Excelの［並べ替え］コマンドを実行し、書き出された文字が入力されているB列をキーに全体を並べ替える。

3 不要な行を削除し、始点と文字のみの行にする。

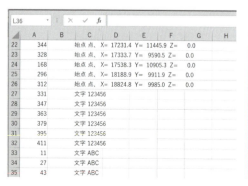

4 A列をキーに並べ直して、元のデータの並び順を復元する。

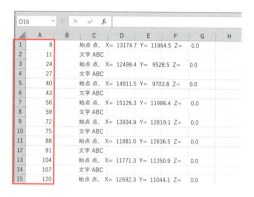

5 Excelの［区切り位置］コマンドを実行し、区切りデータの形式で「スペースによって右または左に揃えられた固定長フィールドのデータ」を選択してデータを区切る。

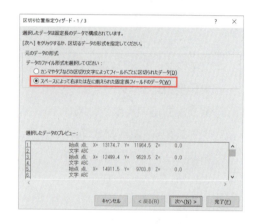

6 これで図面からXY座標値と、文字の内容のデータのみを見やすい形で取り出すことができた。

95 地図を図面として使う

作図ウィンドウ内に地図を表示

［地理的位置］(GEOGRAPHICLOCATION)コマンドを使うと、作図ウィンドウ内に世界中のどこでも地図を表示することができる。バージョンによってはAutoCADの更新（サービスパックやバグフィックスの適応）が必要だ。このコマンドはオンラインの地図サービスを使うのでインターネット接続とAutodesk IDは必須だ。

［地理的位置］コマンドで地図を表示

AutoCADの標準コマンド、［地理的位置］(GEOGRAPHICLOCATION)を使って図面で地図を使ってみよう。

1 ［挿入］タブ-［位置］パネルの［位置を設定］-［地図から］(GEOGRAPHICLOCATION)を実行する。

HINT
Autodesk IDはオートデスク社のクラウドサービスを使うのに必要なIDだ。その取得については「99 クラウドでAutoCADを使う(P.232)」を参照されたい。

2 「オンライン マップ データを使用しますか?」が表示されたら［はい］ボタンをクリックする。この時点でAutodesk IDでのサインインがまだなら、「サインイン」ダイアログボックスが表示されるので、Autodesk IDでサインインする。

3 「地理的位置 − 位置を指定（ページ 1/2）」ダイアログボックスが表示される。「住所」に住所もしくは緯度・経度を入力する。ここでは「西宮市」と入力した。「住所」欄右の[検索]ボタンをクリックする。

4 入力した地域の航空写真が表示される。目的の位置で右クリックし、[ここにマーカーをドロップ]を選択して、ターゲットとなるポイントにマーカーを配置する。[次へ]をクリックする。

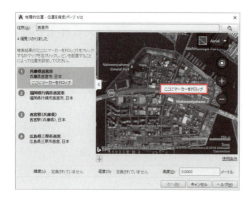

5 次の「地理的位置 − 位置を指定（ページ 2/2）」で、図面で使用するGIS座標系を選択する。ここでは「JGDK2K.PlnRctCS-V」を選択した。[次へ]をクリックする。

6 先にマーカーを配置した位置を作図ウィンドウ内のクリックで指定し、真北の方向もクリックして指示する。ここでは図面の上方向90度を北方向とした。

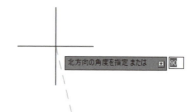

7 数秒で図のようにAutoCADの作図ウィンドウに地図が表示される。

8 図面で使う領域をズームする。[地理的位置] タブの [オンラインマップ] パネルから [道路地図] を選択すれば、道路地図表示にすることもできる。航空写真と道路地図を組み合わせた表示にすることも可能だ。

9 いま表示されている地図はあくまでオンライン地図なので、インターネット接続がないと表示されない。そのため領域を指定してイメージとして表示できるように [オンラインマップ] パネルの [キャプチャ領域] をクリックし、目的の範囲を矩形で指示する。

10 イメージとして表示できるようになった領域に、3Dモデルを作って図のように配置することもできる

HINT

日本国内に限るが、正確な地図を図面で使うなら国土地理院の基盤地図情報を使う方法もある。フリーウェアの「VectorMapMaker」を使うと、国土地理院の基盤地図情報をダウンロードして、DXFファイルの地図を作成できる。なお、国土地理院のダウンロードサービスを使うには、利用者登録を行ってIDとパスワードを得ておく必要がある。

「VectorMapMaker」のホームページ
http://www.geocities.jp/morita_shin2/vectormapmaker/vectormapmaker.htm

「VectorMapMaker」で作成した地図のDXFファイル

第13章　他のアプリケーションと連携する

96 RevitでDWGファイルを使う

👆 Revitとは

Revitは代表的なBIM（Building Information Modeling）アプリケーションだ。コンピュータの中で建物モデルを構築し、建設から維持管理までさまざまなシミュレーションをおこない、図面も作成できる。

RevitはAutoCADと同じくオートデスク社の製品なので、用語や操作方法も統一されている。ここではRevitとAutoCADを組み合わせて図面を作成する。AutoCADのDWGコンテンツはRevitでそのまま活かすことが可能だ。また外部参照を使えば、変更も自動的に反映できる。

RevitからAutoCADへ書き出す

ここではRevitから梁伏図を書き出して、AutoCADで部分詳細を加筆後、さらにRevitにリンクするという手順を紹介する。

Revitで体裁を整えた、図のような梁伏図がある。この「2階梁伏図」のビューをRevitからAutoCADに書き出す。

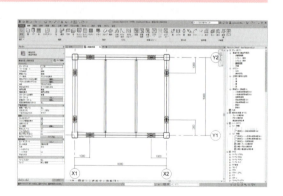

96 RevitでDWGファイルを使う

1. Revitのアプリケーションメニューから［書き出し］－［CAD形式］－［DWG］を選択する。

2. Revitの「DWG書き出し」ダイアログボックスで「書き出し」が「＜現在のビュー／シートのみ＞」になっていることを確認して［次へ］ボタンをクリックし、図面（DWG）ファイルの名前を指定する（ここでは「2階梁伏図.dwg」とする）。
これでRevitの2階梁伏図のビューがDWGファイルとして書き出される。

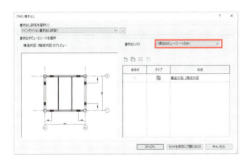

AutoCADで加筆修正

1. Revitから書き出した図面をAutoCADの白紙の図面に外部参照として挿入する。AutoCADでリボンの［挿入］タブ－［参照］パネルの［アタッチ］（ATTACH）を実行する。

HINT
外部参照とするのはRevitに戻すことを想定し、書き出された図面（DWG）ファイルを書き換えてしまわないようにして加筆したいためだ。

2. 「参照ファイルを選択」ダイアログボックスでRevitから書き出された図面「2階梁伏図.dwg」を選択する。

3. 「外部参照アタッチ」ダイアログボックスが表示されるので、「尺度」は「1」、「挿入位置」は「0, 0」、「回転」の「角度」も「0」とする。「参照タイプ」は「オーバーレイ」とする。

225

第13章　他のアプリケーションと連携する

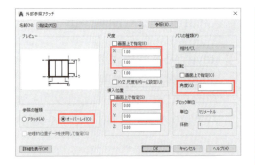

HINT
「参照タイプ」を「アタッチ」でなく「オーバーレイ」とするのは、Revitに戻すときにこの図面をさらに外部参照するため、この図面に含まれる「2階梁伏図.dwg」を「外部参照」から省き、二重の外部参照になることを防ぐためだ（P.201参照）。

4 図のように梁継手の詳細図を加筆し、保存する。ここではファイル名を「2階梁伏図_ACAD.dwg」とし、「_ACAD」を後ろに付けて加筆された図面であることがわかるようにした。

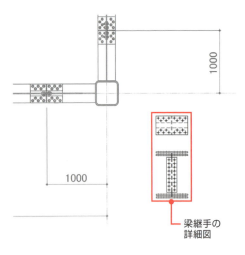

梁継手の詳細図

加筆図面をRevitに戻す

1 Revitを起動して書き出したビュー「2階梁伏図」を開き、リボンの[挿入]タブ-[リンク]パネルの[CADリンク]を実行する。

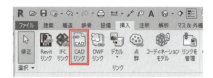

2 「CADリンク」ダイアログボックスで加筆した「2階梁伏図_ACAD.dwg」を選び、「現在のビューのみ」にチェックを入れ、配置は「自動 - 基準点合わせ」を選ぶ。

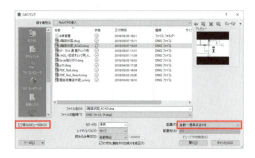

Caution
「現在のビューのみ」にチェックを入れておかないと、3Dビューやほかの階（レベル）のビューにもこの図形が表示されてしまう。

3 [開く]ボタンをクリックすると、RevitのビューにAutoCADの部分詳細図がリンクされて表示される。

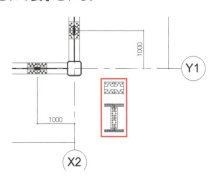

Revitへのリンクの更新

AutoCAD図面からRevitへとリンクしているため、リンク元を変更すればリンク先にも変更が反映される。

1 AutoCADでふたたび「2階梁伏図_ACAD.dwg」を開き、いくつか加筆、変更をおこなう。ここでは寸法を追加し、詳細図の縮尺を倍の大きさにした。

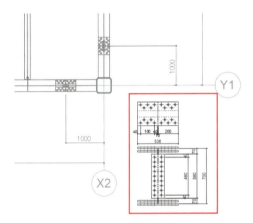

2 AutoCADで上書き保存したあとRevitに戻り、リボンの[挿入]タブ−[リンク]パネルの[リンクを管理]を実行する。

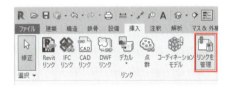

3 「リンクを管理」ダイアログボックスが表示される。もう一度リンクするのではなく、一度リンクしてあるので、[再ロード]ボタンをクリックする。

4 図のようにRevit上の図面が変更される。

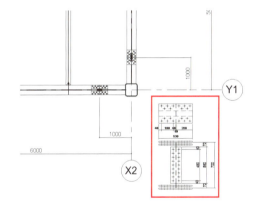

> **HINT**
> この「リンク」がRevitとAutoCADを連携させるときのポイントだ。この方法ならAutoCADでこれまで作ってきた2次元の部品や詳細図をまったく無駄にせずRevitで使うことができる。

第13章 他のアプリケーションと連携する

97 ARCHICADでDWGファイルを使う

👆 ARCHICADとは

Revitと並んでよく使われているBIMアプリケーションがARCHICADだ。

ARCHICADはOPEN BIMというコンセプトでARCHICAD単体でなく、他のアプリケーションと組み合わせて使うことも想定されたアプリケーションだ。ここではARCHICADのガイドラインのプロジェクトを例に、AutoCADで作成した梁断面リストをARCHICADで使ってみる。

ARCHICADからAutoCAD図面を読み込む

ARCHICADからAutoCAD図面を使う場合は次の3つの方法がある。ここでは3番目の「外部参照としてアタッチ」する方法を紹介する。

- ARCHICADプロジェクトとしてAutoCAD図面を開く
- AutoCAD図面を現在のプロジェクトに結合
- AutoCAD図面を外部参照としてアタッチ

ARCHICADの断面リストにAutoCADで作られたSRCの梁リスト（DWGファイル）を追加する。

Caution
この例で使っているARCHICAD 21はAutoCAD 2018形式には対応していないため、AutoCADのファイルはAutoCAD 2013形式にしている。

ARCHICADの断面リスト

228

97 ARCHICADでDWGファイルを使う

AutoCADの梁リスト

> **HINT**
> 筆者はARCHICADのガイドライン(テンプレート)をBIM LABOチームの一員として作成した。このARCHICADガイドラインはグラフィソフト社のホームページ http://www.graphisoft.co.jp/download/BIMguideline/からダウンロードできる。ここで使っている梁リストは、このガイドラインのうち「実施設計編」を一部変更したものだ。

1 ARCHICADで[ファイル]メニューから[外部参照]-[外部図面を配置]を実行する。

2 AutoCADのファイル名（ここでは「梁リスト.dwg」）を指定すると、「図面単位」ダイアログボックスが表示される。ARCHICADの1図面単位は「1ミリメートル」としておき、[配置]ボタンをクリックしてから適当な位置に配置する。

3 表は大きなリストになってしまうケースが多いのでサイズを調整する。配置したリストを選択し、右クリックして[選択した図面の設定]を選ぶ。「選択した図面の設定」ダイアログボックスが表示されるので、「図面スケール」のリストから「1：50」を選択する。

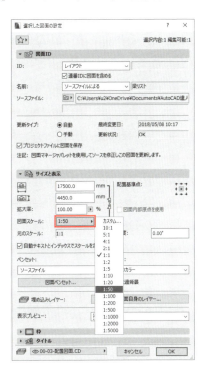

229

第13章 他のアプリケーションと連携する

4 タイトルは不要なので「タイトル」欄では「タイトルなし」とする。

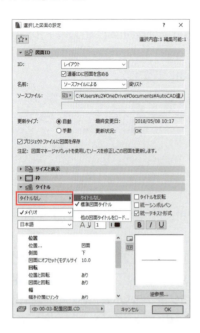

5 図のようにAutoCAD図面を配置したARCHICADの図面が作成された。

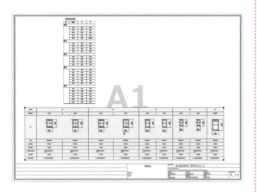

AutoCADでの変更を自動更新

　ここで梁リストが変更になったとする。AutoCADで「梁リスト.dwg」を変更すると、ARCHICADでは何もしなくても、しばらくすると新しいものに更新される。

1 AutoCADで図のように「梁リスト.dwg」を変更して、保存する（ここでは5種類あった梁リストを4種類に変更）。

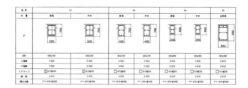

2 しばらくすると、自動的にARCHICADの断面リストが更新されている。

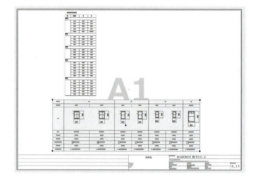

HINT
もし、うまく更新されない場合は図のようにARCHICADのリストを選択して右クリックし、[更新]を選ぶ。

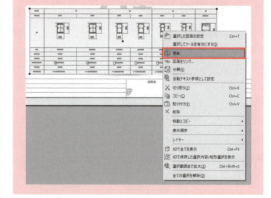

230

98 Jw_cadで読めるDXFを作成する

同じDXFでもAutoCADとJw_cadで違う？

AutoCADもJw_cadもDXFを扱うことはできる。ただしAutoCADで作成した図面を、Jw_cadで元のAutoCADと同じように表現できるDXFファイルを作成するのはかんたんではない。

AutoCADで使える図形や文字で、Jw_cadでは使えない／表示できないものがあるので前処理が必要だ。DXFのバージョンはもっとも古いR12形式を指定する。

DXF保存前の処理

AutoCADで作成した図面をJw_cadでも読めるようにするには、DXF形式で保存する前に下記の処理が必要だ。

1. 下記のような特殊文字が使われていないか確認する。

入力	文字例	意味
%%o	abc	上線
%%u	abc	下線
%%d	°	度
%%p	±	プラスマイナス
%%c	φ	ファイ
×	×	全角の「かける」

2. AutoCAD独自のフォントを使っていると、位置合わせがずれる。すべてのフォントを「MSゴシック」に変更する。
3. マルチテキストは正しく表示できない。[分解]（EXPLODE）して1行文字に変換する。
4. 寸法と引出線は[分解]（EXPLODE）して、文字や線分の要素に変換する。寸法としての機能は失われるが仕方ない。
5. 属性付きのブロックは属性を分解する[Explode Attributes]（BURST）コマンドで1行文字に変換する（P.71「30. 属性文字を普通の文字に変換」参照）。
6. ダイナミックブロックは[分解]（EXPLODE）して、一般の図形に変換しておく。
7. 「表」は[分解]（EXPLODE）して、文字と線分にしておく。
8. 「SOLID」ハッチングは使えない。ほかのハッチングに置き換えるか削除する。
9. 「点」オブジェクトは使えないので、削除する。
10. 閉じたポリラインは使えないので、プロパティ「閉じている」を「いいえ」にする。

DXFのバージョン

AutoCADで作成した図面をDXFファイルとして保存する際、Jw_cadでも読めるようにするためには、バージョンを「AutoCAD R12/LT2 DXF」とする。

99 クラウドでAutoCADを使う

クラウドサービスA360とは？

複数の作業者がオフィスでなくてもどこでも仕事ができる。これがオートデスク社のクラウドサービス「A360」（エースリーシックスティ）だ。A360の一部であるクラウドストレージ「A360ドライブ」に図面を保存して、コンピュータやスマートフォン、タブレットからアクセスし表示や編集ができる。

また、AutoCADがなくてもブラウザ上で簡単な加筆修正がおこなえる「AutoCADモバイルアプリ」もある。スマートフォン、タブレットからもこの「AutoCADモバイルアプリ」を使ってクラウドストレージ「A360ドライブ」にある図面にアクセスできる。詳しくは「100. スマートフォンで図面を見る」で解説する。

Autodesk IDを取得する

まず、「A360」にアクセスするIDを取得する。オートデスク製品ユーザでなくても登録できる。これ1つですべての「A360」クラウドサービスを利用できる重要なアカウントだ。

1 「A360ドライブ」の入口ページ（https://360.autodesk.com/）にアクセスし、[Sign in] ボタンをクリックする。はじめて使うときは「アカウントを作成」をクリックする。

2 「アカウントを作成」ウィンドウが表示されるので、氏名、メールアドレス、パスワードなどを入力し、[アカウントを作成]ボタンをクリックする。

3 アカウントの作成が完了すると、サインインした状態で「A360ドライブ」にアクセスできる。図のように登録した名前が表示されていればサインインに成功している。

A360ドライブに図面を保存

AutoCADからクラウドストレージ「A360ドライブ」に図面を保存する。

> **Version**
> 2016、2017、2018バージョンでは[A360]で「A360ドライブ」に保存できる。2014、2015バージョンでは[Autodesk 360]タブ、2012、2013バージョンは[オンライン]タブからおこなう。2010、2011バージョンは無償のダウンロードで[オンライン]タブを使うことができる。

1 最初にAutoCADからA360にサインインしておく。右上にある[サインイン]をクリックしてサインインする。サインインしていると、ここに自分のAutodesk IDが表示される。

2 保存する図面を開き、アプリケーションメニューから[名前を付けて保存]－[AutoCAD Webおよびモバイルへの図面]を選択する。

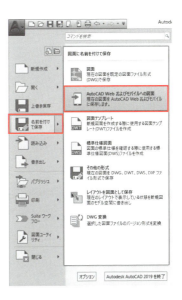

第13章 他のアプリケーションと連携する

> **Version**
> 2018以前のバージョンでは［名前を付けて保存］─［クラウドに図面を保存］を選択する。

3 ［AutoCAD Webおよびモバイル クラウド ファイルに保存］ダイアログボックスが開き、「A360ドライブ」のファイルが表示されている。ファイル名を確認して［保存］ボタンで保存する。

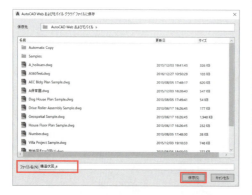

> **HINT**
> クラウドストレージ「A360ドライブ」は無償で5GBの領域を使うことができる。サブスクリプションという有償の契約をオートデスク社と結んでいるユーザなら25GBの領域が使える。

AutoCAD Webアプリで図面を開く

「AutoCAD Webアプリ」とはWebブラウザで動くAutoCADだ。ブラウザはどのコンピュータにもあるので、インターネット回線とつながってさえいれば無償でAutoCADが使える。ここでは「Google Chrome」を使って解説する。

1 「AutoCAD Webアプリ」のトップページ（https://web.autocad.com/）にアクセスし、Autodesk IDでサインインする。

2 ログインするとA360ドライブに保存した図面の一覧が表示される。任意の図面（ここでは「A保育園.dwg」）を選択して右クリックし、［Open］を選択する。

3 しばらくするとAutoCAD Webアプリで図面が表示される。画面下部に表示されるツールを使って図面に加筆・修正を行うこともできる。ほとんどストレスなしにいいレスポンスで実行できる。

> **Caution**
> 2018年5月現在、日本語フォントは正しく表示されていない。

> **HINT**
> ブラウザ上で動作するAutoCAD Webアプリ以外にWindowsアプリのAutoCADモバイルアプリもある。WindowsアプリのAutoCADモバイルアプリは、Microsoft Storeから無償で入手できる。下図はWindowsアプリのAutoCADモバイルアプリ。

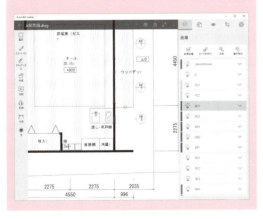

100 スマートフォンで図面を見る

モバイルで図面チェック

AutoCADモバイルアプリもA360ドライブのストレージもスマートフォンやタブレットから使える。つまりパソコンでAutoCADモバイルアプリを使うのとまったく同じことができる。スマートフォンで図面なんてと筆者は思っていたが、試してみたらかんたんな図形ならけっこうかける。コメントや赤を入れるぐらいならじゅうぶん使える。

ここではAndroidスマートフォンを使ってみよう。もちろんiPhone、iPadでも同じことができる。

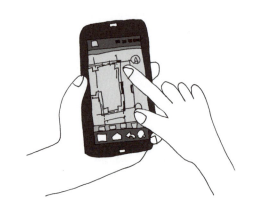

アプリをインストール

AndroidならGoogle Playで、iPhoneならApp Storeで「AutoCAD」を検索してインストールする。アプリ名に「AutoCAD-DWGエディタ」と表示されるが、これがAutoCADモバイルだ。アプリは無償だ。

アプリで図面を開く

アプリを起動して図面を表示してみる。

1 「AutoCAD」のアイコンをタップして起動する。

2 Autodesk IDを使ってサインインする。

3 A360ドライブに保存したファイルの一覧が表示される。ここでは「A360Test.dwg」をタップする。

4 選択した図面が表示される。

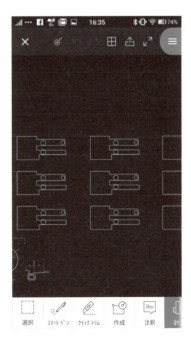

HINT
AutoCADモバイルアプリにアクセスするAutodesk IDをあらかじめ取得しておこう（P.231参照）。

かんたんな図面操作

基本的な操作方法をいくつか紹介しよう。

- 画面移動→指1本のスワイプ

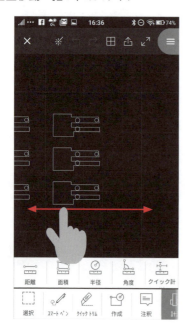

- ズームイン・アウト→2本指でピンチ

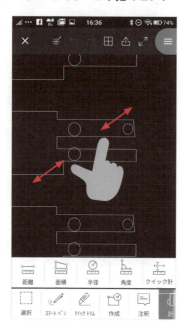

- 下位のツールを表示→最初から表示されている任意のツールをタップするとその下位にあるツールが表示される

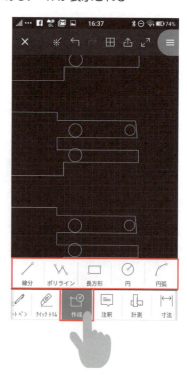

- 雲マークやコメントを入れる→［雲マーク］ツールを使うと指で範囲を指定して雲マークを作成できる。［文字］ツールを使うとコメントを入力できる

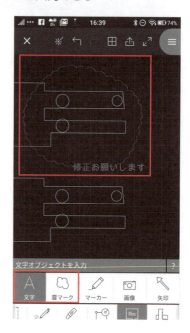

AutoCADモバイルアプリの機能

AutoCADモバイルアプリには無償アプリのほか、有償のPremiumとUltimateというプランがあり、UltimateはPremiumのすべての機能に加えて、100GBのストレージを利用できる。機能の違いを下表にまとめた。

機能	AutoCAD モバイルアプリ（無償）	AutoCAD モバイルアプリ Premium（有償）	AutoCAD モバイルアプリ Ultimate（有償）
ストレージ容量	5GB	25GB	100GB
図面のアップロードと表示	○	○	○
計測ツール	○	○	○
クラウドストレージに接続	○	○	○
GPSツール	○	○	○
データの共有と出力	○	○	○
作図および編集ツール		○	○
新しい図面を作成		○	○
注釈ツール		○	○
画層を管理		○	○
オブジェクトのプロパティ		○	○
ブロック		○	○
優先サポート		○	○

※2018年5月現在

付録 ダイナミックブロックの使い方と収録内容

　本書付録CD-ROMの「Block」フォルダには、筆者が代表をつとめるアド設計が作成した約1330個のダイナミックブロックと約400個の一般ブロック(ダイナミックブロック作成のための部品ブロックを除く)が収録されている。回転のみのかんたんなダイナミックブロックから、ブームの長さが伸縮し、常にワイヤが鉛直になっているクレーン車の高度なダイナミックブロックまである。設計・製図の実務利用とともに、自由にその作成テクニックを参考にしてほしい。

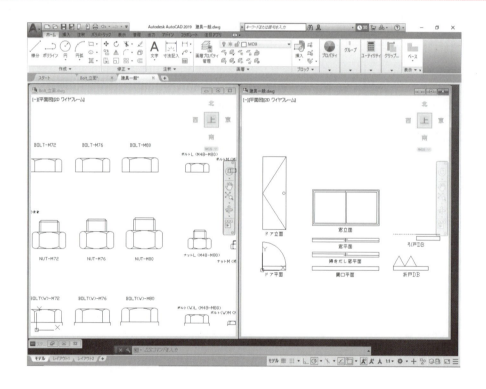

《ご使用にあたっての注意》
- 本データは、2010形式のDWGで作成されています。2009以前のAutoCAD、またはAutoCAD LTでは利用できません。また、Macでの動作検証はおこなっておりません。
- お使いのパソコン環境や、OS・アプリケーションのバージョンなどにより、データが正しく表示されない場合があります。
- 本書付録CD-ROMに収録されたデータは、本書「AutoCADの達人が教えてくれるベストテクニック100」をご購入頂いた方のみご利用できます。
- 本書付録CD-ROMに収録されたデータはすべて著作権法により保護されています。個人で使用する以外の利用は認められません。また、収録されたデータを弊社及び著作権者に無断で譲渡、販売、複製、再配布することなども法律で固く禁じられています。
- 本書付録CD-ROMに収録されたデータを使用することによって生じたいかなる損害／トラブルについても、当社および著作権者は一切の責任を負いかねますので、ご了承ください。

ブロックの挿入方法

付録CD-ROMの「Block」フォルダに、種類ごとにフォルダ分けされたDWGファイルが収録されている。各ファイルにブロックデータがある（P.242以降参照）。※「FILTER.NFL」ファイルはP.57を参考に任意で使用してください。

● ツールパレットを使う方法

1. 付録CD-ROMにあるDWGファイルを開き、デザインセンターを使ってツールパレットにする（P.136「59. ツールパレットによく使うブロックを並べる」を参照）。
2. ツールパレットからドラッグ＆ドロップして、ダイナミックブロックを挿入する。

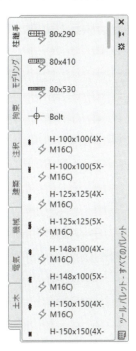

● デザインセンターを使う方法

1. ［表示］タブの［パレット］－［デザインセンター］コマンドを実行する。
2. デザインセンターの［フォルダ］タブで、目的のダイナミックブロックのあるDWGファイルを選択する。表示された［ブロック］アイコンをクリックすると、図のように図面にあるブロックがすべてデザインセンターに表示される。
3. 目的のブロックを選択して図面にドラッグ＆ドロップで挿入する。

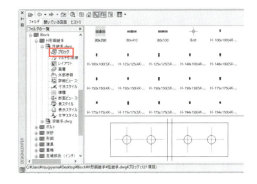

● 2枚の図面を開いてコピー

1. 「61. 図面間移動・複写ならクリップボード」（P.141）を使って図面にあるブロックを表示、確認してから、作業中の図面に挿入する。目的のダイナミックブロックのある図面と、作業中の図面を並べて表示する。
2. ダイナミックブロックを選択して、作業中の図面にドラッグ＆ドロップするか、クリップボード経由でコピー・貼り付けする。

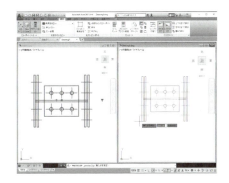

📁 H形鋼継手

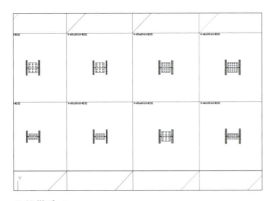

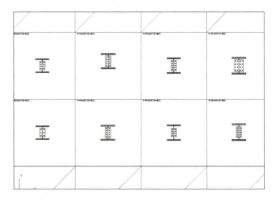

● 柱継手.dwg
動作：正面／側面／平面／文字の切り替え、反転、回転

● 梁継手.dwg
動作：正面／平面／断面／文字の切り替え、反転、回転

📁 ボルト

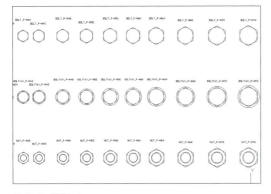

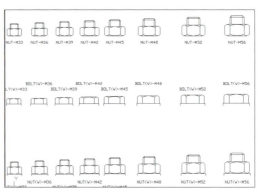

● Bolt_平面.dwg
動作：サイズ切り替え、反転、回転

● Bolt_立面.dwg
動作：サイズ切り替え、長さ変更、反転、回転

その他
● HTB.dwg
動作：サイズ切り替え、反転、回転、長さ変更など

形鋼

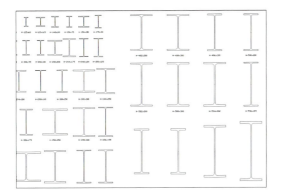

● H.dwg
動作：回転、点移動

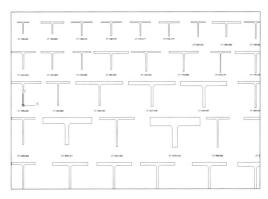

● CT.dwg
動作：回転、反転、点移動

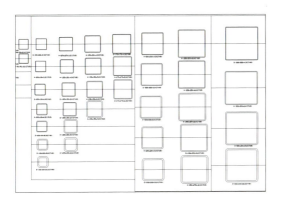

● 角型鋼管（正方形）.dwg
動作：回転、点移動

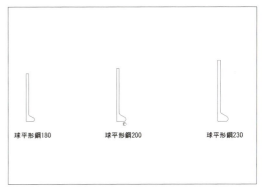

● 球平形鋼.dwg
動作：反転、位置合わせ

その他
● LL.dwg（山形鋼）
動作：回転、反転、点移動

● CH.dwg（みぞ形鋼）
動作：回転、反転、点移動

● 一般構造用炭素鋼管.dwg
動作：点移動

● 角形鋼管（長方形）.dwg
動作：回転、点移動

243

📁 仮設

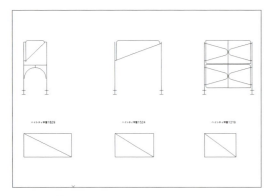

● DBハイシティ.dwg
動作：調整枠なし／あり切り替え、ジャッキ長変更、縦／横配列複写、幅切り替え、反転など

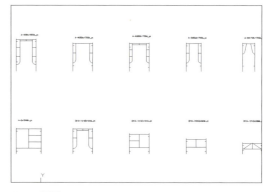

● DB断面1.dwg
動作：縦配列複写、反転、種類切り替えなど

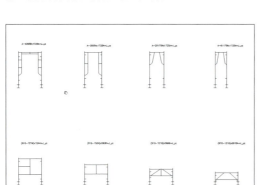

● DB断面2.dwg
動作：ジャッキ高さ変更、縦配列複写、反転、種類切り替えなど

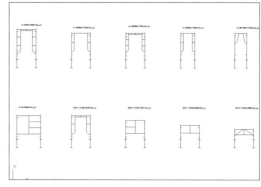

● DB断面3.dwg
動作：縦配列複写、反転、種類切り替えなど

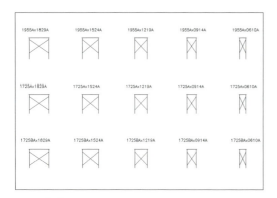

● DB立面1.dwg
動作：幅木切り替え、縦／横配列複写、反転、建わく高さ切り替えなど

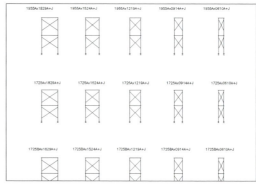

● DB立面2.dwg
動作：幅木切り替え、ジャッキ高変更、縦／横配列複写、反転、建わく高さ切り替えなど

付録ダイナミックブロックの 使い方と収録内容

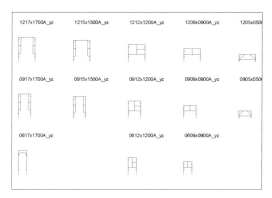

● M_DB 断面1.dwg（メートル）
動作：反転、縦配列複写

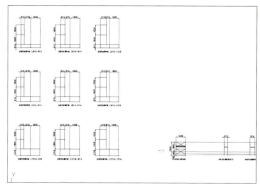

● 次世代足場.dwg
動作：スパン切り替え、配列複写、メーカー切り替え、筋かい／手すり／巾木切り替えなど

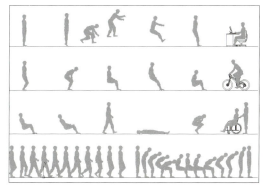

● Workers.dwg
動作：体勢切り替え、反転、部分回転

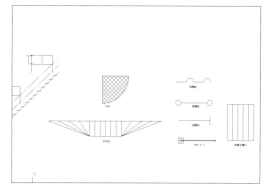

● 仮設部品.dwg
動作：階段タイプ切り替え、階段配列複写、反転、W寸法変更、縦配列複写、外形線なし／あり、形状切り替え、W／H変更など

その他
● DB 平面.dwg
動作：幅切り替え、横配列複写、反転など

● DB 立面3.dwg
動作：幅木切り替え、横／縦配列複写、反転、建わく高さ切り替えなど

● M_DB 断面2.dwg（メートル）
動作：ジャッキ高さ変更、反転、縦配列複写など

● M_DB 断面3.dwg（メートル）
動作：縦配列複写、反転など

● M_DB 平面.dwg（メートル）
動作：幅切り替え、横配列複写、反転など

● M_DB 立面1. dwg（メートル）
動作：建わく高さ切り替え、幅木切り替え、縦／横配列複写、反転

● M_DB 立面2.dwg（メートル）
動作：ジャッキ高さ変更、建わく高さ切り替え、幅木切り替え、横／縦配列複写、反転など

● M_DB 立面3.dwg（メートル）
動作：建わく高さ切り替え、幅木切り替え、横／縦配列複写、反転など

● M_次世代足場.dwg（メートル）
動作：スパン切り替え、配列複写、メーカー切り替え、筋かい／手すり／巾木切り替えなど

245

📁 足場部品（インチ）

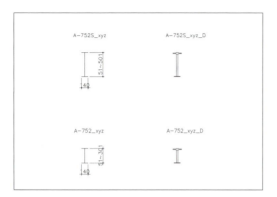

● ジャッキベース.dwg
動作：ジャッキ高さ変更

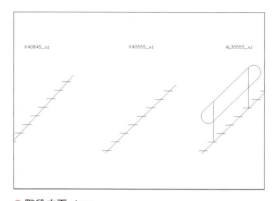

● 階段立面.dwg
動作：なし（一般のブロック）

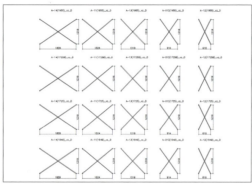

● 筋かい詳細1（1955-1549）.dwg
動作：なし（一般のブロック）

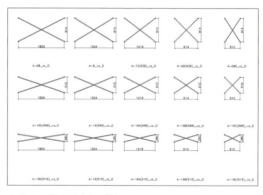

● 筋かい詳細2（その他）.dwg
動作：なし（一般のブロック）

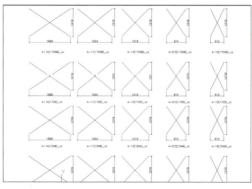

● 筋かい立面1（1955-1549）.dwg
動作：なし（一般のブロック）

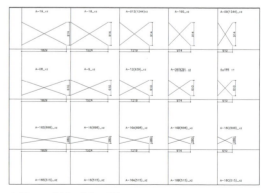

● 筋かい立面2（その他）.dwg
動作：なし（一般のブロック）

付録ダイナミックブロックの 使い方と収録内容

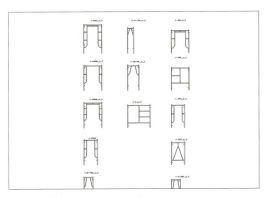

● 建わく詳細1（1955-1549）.dwg
動作：なし（一般のブロック）

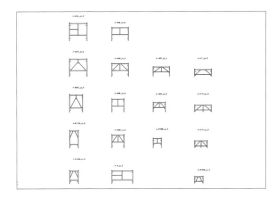

● 建わく詳細2（その他）.dwg
動作：なし（一般のブロック）

その他
● 建わく断面1（1955-1549）.dwg
動作：なし（一般のブロック）

● 建わく断面2（その他）.dwg
動作：なし（一般のブロック）

● 建わく平面・立面.dwg
動作：なし（一般のブロック）

● 足場平面.dwg
動作：なし（一般のブロック）

● 布板立面.dwg
動作：なし（一般のブロック）

📁 足場部品（メートル）

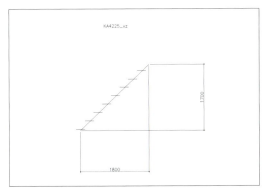

● M_階段立面.dwg
動作：なし（一般のブロック）

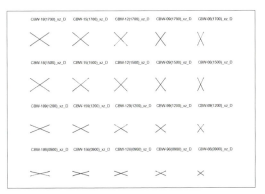

● M_筋かい詳細.dwg
動作：なし（一般のブロック）

247

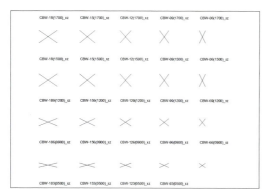

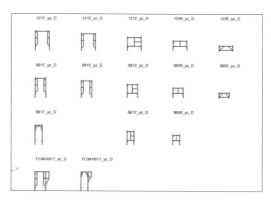

● M_筋かい立面.dwg
動作：なし（一般のブロック）

● M_建わく詳細.dwg
動作：なし（一般のブロック）

その他
● M_建わく断面.dwg
動作：なし（一般のブロック）

● M_建わく平面・立面.dwg
動作：なし（一般のブロック）

● M_足場平面.dwg
動作：なし（一般のブロック）

● M_布板立面.dwg
動作：なし（一般のブロック）

📁 重機

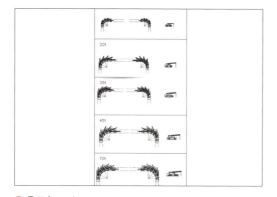

● ラフター.dwg
動作：回転、ジブなし／あり切り替え、アーム長さ変更、アーム回転

● 道路矢印.dwg
動作：なし（一般のブロック）

付録ダイナミックブロックの 使い方と収録内容

📁 建具

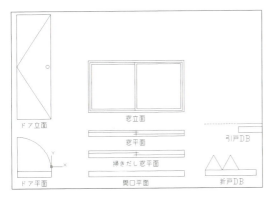

● 建具一般.dwg
動作：W／H変更、種類切り替え、反転など

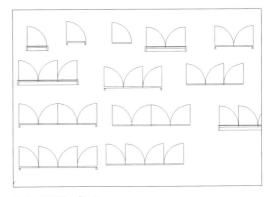

● 平面図用一般.dwg
動作：W寸法変更、反転

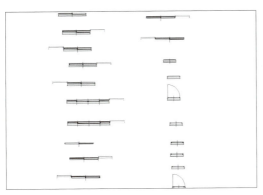

● 木造用アルミサッシ＿窓.dwg
動作：W寸法変更、反転

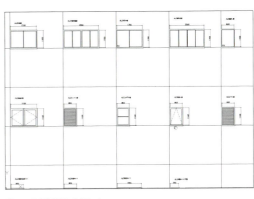

● ALC用建具立面.dwg
動作：W／H変更

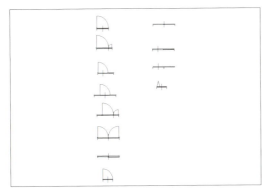

● その他木造用アルミ建具.dwg
動作：W寸法変更、反転

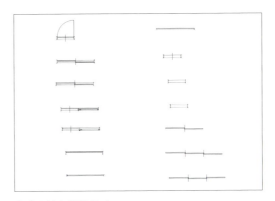

● その他木製建具.dwg
動作：W寸法変更、反転

249

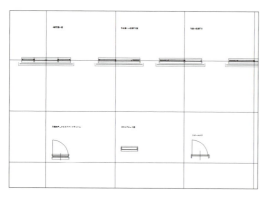
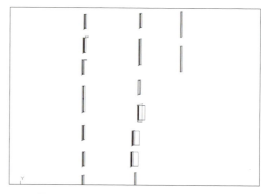

●RC用アルミ_スチール建具.dwg
動作：詳細／簡略切り替え、W寸法／壁厚変更、反転、位置合わせ

●RC用アルミ建具_断面詳細図.dwg
動作：H寸法／壁厚変更、反転

その他
●木造用アルミサッシ_シャッター_出窓.dwg
動作：W寸法変更、反転など

●LGS用木製建具.dwg
動作：W寸法変更、反転など

●ALC用建具.dwg
動作：詳細／簡略切り替え、W寸法／壁厚変更、反転、位置合わせ

●ALC用アルミ建具_断面詳細図.dwg
動作：H寸法変更、反転など

●RC用建具立面.dwg
動作：W／H変更など

電気設備

●コンセント.dwg
動作：シンボル形状変更、属性追加

●テレビ.dwg
動作：シンボル形状変更、属性追加

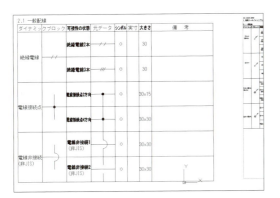

● 一般配線.dwg
動作：シンボル形状変更、回転、属性追加、サイズ変更

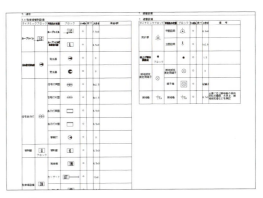

● 屋外.dwg
動作：シンボル形状変更、属性追加、長さ変更

● 開閉器.dwg
動作：シンボル形状変更、属性追加

● 拡声.dwg
動作：シンボル形状変更、属性追加、サイズ変更

● 機器.dwg
動作：シンボル形状変更、属性追加

● 警報・時計.dwg
動作：シンボル形状変更、属性追加

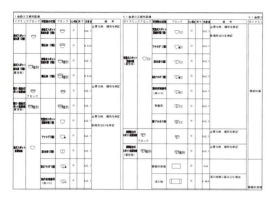

● 消防1.dwg
動作：シンボル形状変更、属性追加、サイズ変更

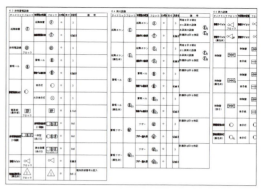

● 消防2.dwg
動作：シンボル形状変更、属性追加、サイズ変更

● 照明器具.dwg
動作：シンボル形状変更、属性追加、サイズ変更

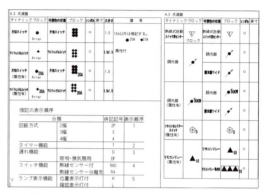

● 点滅器.dwg
動作：シンボル形状変更、属性追加、縦／横配列複写

● 電話・情報.dwg
動作：シンボル形状変更、属性追加、サイズ変更

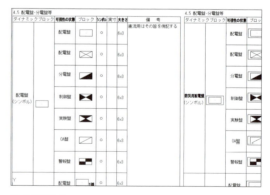

● 分電盤.dwg
動作：シンボル形状変更、属性追加、サイズ変更

その他
● 防災.dwg
動作：シンボル形状変更、属性追加、サイズ変更

● 防犯.dwg
動作：シンボル形状変更、属性追加

INDEX
索引

● 記号・数字

¥P	59
¥X	59
1行文字またはマルチテキスト	70
2点間中点	27
2点間の距離	131
3D位置合わせ	95

● A〜K

A360	232
A360 ドライブ	232,237
acad.pgp	12
acadlt.pgp	12
ADCENTER	137
ALIGN	94
ARCHICAD	228
AREA	132
ARRAYASSOCIATIVITY	88
ARRAYCLASSIC	89
ARRAYPATH	90
ARRAYRECT	87
ATTACH	208,225
ATTDIA	121
ATTSYNC	123
AutoCAD Web およびモバイルへの図面	233
AutoCAD図形	208,212
AutoCAD モバイルアプリ	236
Autodesk ID	232
BCLOSE	180
BSAVE	180
BTESTBLOCK	179
BVHIDE	188
BVMODE	188
BVSHOW	188
ByLayer	159
ByLayer に変更	159
CAD標準仕様	155
CADリンク	226
CHSPACE	171
DATAEXTRACTION	213
Defpoints画層	33
DIM	50
DIMEDIT	56
DIMLAYER	149

DIMSTYLE	55
DIVIDE	86
DWG To PDF.pc3	207
DWG をアタッチ	200
DWG書き出し	225
DXF	223,231
Explode	65
EXPLODE	109,177,231
Explode Attributes	72
EXPORTLAYOUT	169
EXTEND	78
EXTERNALREFERENCES	200,202
FILLET	76,79,80
FILTER	44,57
FILTER.NFL	57
FIND	69
HATCH	117
INPUTSERCHOPTIONS	13
ISOLATEOBJECTS	47
Jw_cad	231

● L〜Z

LAYWALK	153
LIST	219
LOGFILENAME	219
LOGFILEON	219
LWPOLYLINE	106
MASSPROP	129
MTEXT	63,134
OVERKILL	13,103
PASTESPEC	211
PDF	206,208
PDF オプション	207
PDF 書き出しオプション	207
PDFに名前を付けて保存	206
PDF 文字認識設定	210
PDF 読み込み	209
PDFを読み込む	209
PEDIT	107,110,113
PLAN	174
POINT	34
PURGE	138
QAFLAGS	219
QSELECT	42

QUICKCALC	130
REGENALL	135
REGION	128
REVCLOUD	125
Revit	224
ROTATE	41,92
SCALELISTEDIT	140
SELECT	41
SELECTIONPREVIEW	77
SETBYLAYER	159
SetByLayer の設定	160
SHEETSET	193
STANDARDS	155
SHX 文字認識	210
TEXT	67
TEXT2MTXTの設定	68
TRIM	78
UCS	174
UNDO	22
UNITS	55
VIEW	197
VP でフリーズ	166

● あ

アクション	177,179,181
アクション選択セット	186,188
アタッチ	200,225
新しい寸法スタイルで保存	58
新しい選択セット	186,188
新しい選択セットから除く	43
新しい選択セットに含める	43
位置合わせ	94,212
一時優先キー	12
一括	111
移動	38,40,83
色	151
色従属印刷スタイル	146
印刷	119,167,192,207
印刷とパブリッシュの詳細	194
エイリアスを編集	12
エクスプレスツール	65,72
エディタを閉じる	180
円	36,108
円弧に変換	84
延長	26, 29,78

253

オートコンプリート 13	距離の増分 186	自動調整 112,114
オーバーレイ 200,225	クイックアクセスツールバー 20	四半円点 39
大文字と小文字を区別 70	クイックアクセスツールバーから除去 ...21	尺度変更 83,95,189
オブジェクト 126	クイックアクセスツールバーに追加.......21	尺度リスト編集 140
オブジェクト情報 219	クイック計算 130	修正 55,126,163
オブジェクトスナップ 26	クイック選択 42	重複オブジェクトを削除 24,103
オブジェクトスナップ設定 26	クイックプロパティ 98	十進表記 101,135
オブジェクトスナップトラッキング 30	空間変更 171	使用中の画層を示す 157
オブジェクト選択フィルタ..............44,57	矩形状 125	ショートカットキー 10,12
オブジェクトの選択表示を終了.............48	矩形状配列複写 87	垂線 27
オブジェクトプロパティ管理.................179	雲マーク 125	図芯 35, 129
オブジェクトを選択表示 47	クラウドサービス 221,232	スタック 62
オブジェクトを非表示 48	クラウドストレージ 232	ストレッチ 77,82,84,178
オプション 77,88,99,150	クラウドに図面を保存 234	スプライン 108
オフセット 52	グリップ 60,82,87,112,177	スプラインフィット 107
折れ線 90,106	グリップの数 179,186,189	すべての使用中の画層 158
オンラインマップ 223	クリップボード 142,211	すべての注釈を前面に移動 97
	形式を指定して貼り付け 211	すべてのレイアウトを選択 167
● か	結線 34	スマート寸法 50
カーソルに準じる 39	検索 24, 70	スマートフォン 236
カーブフィット 107	検索オプションを入力...........................13	図面尺度を編集 140
回転.............................92,173,183	検索と置換 69	図面単位 229
回転角度 63	建築図面表記 101	図面比較 143
外部参照...............................199,225,228	原点設定 117	図面枠 72,121,163
外部参照／ＤＧＮアンダーレイをバインド	後退 23	寸法画層 149
.... 202	交点 26	寸法記入 50
外部参照パレット 200,202	項目数 91	寸法スタイル管理.........................55,58
外部参照をアタッチ 200,225	固定 39	寸法値置き換え 56
外部図面を配置.................................229	個別バインド 202	寸法値の移動 60
書き込み寸法.......................................57	コマンドエイリアス 10,12	寸法値の丸め 54
拡張属性編集.......................................122	コマンドライン 16	寸法値の優先 59
可視性 177,187	コマンド履歴 16	寸法の入力 15
可視性の状態.......................................187		寸法編集 56
可視性モード.......................................188	**● さ**	寸法を前面に移動 97
カスタマイズ..14	最近使用したコマンド 17	精度 55,101
カスタムプロパティ 196	最後のセグメントに対する相対角度.....32	接円弧 80
画層閲覧 153	再配置 53	絶対座標 15,17
仮想交点 28	最背面へ移動 96	設定 15,99
画層設定 157	再ロード 201,227	全再作図 135
画層フィルタ.......................................157	サインイン 221,233,237	選択したレイアウトをパブリッシュ 168
画層プロパティ管理...........119,146,157	作図ウィンドウの色 151	選択時にクイックプロパティパレットを
環境設定 155	作図ツールチップの外観...........................15	表示する 99
キーボードショートカット 12	作図補助設定 14,26,29,39,99	選択循環リストボックスを表示 39
基点コピー..142	座標計算 216	選択の循環 39
基点設定 31	左右に並べて表示...............................141	選択の循環の設定 39
基本単位 54	三角関数 131	選択の循環を許可 39
逆ルックアップを許可.........................182	参照 93	選択パスを編集 204
境界を生成...115	参照管理-外部参照を追加 203	相対座標 17
極角度の計測方法 32	参照管理ユーティリティ 203	ソースファイル.................................137
曲線 106	参照ファイルを選択 200,225	属性定義 121
極トラッキング.............................30, 32	シートセット 192	属性同期 124
許容値 103	シートセットプロパティ 196	その他の形式 135
距離（ピクセル単位）.............................39	シートセットマネージャ 193,195,198	
距離タイプ..186	シートセットを作成 193	

索引

● た

タイトルバーを表示	39
ダイナミック入力	14
ダイナミック入力の設定	14
ダイナミックブロック	176,240
楕円	108
多機能グリップ	83
縦書き文字	63
単位管理	55,101
単位設定	55,101
端点	26
断面性能	128
地図から	221
中心	26
頂点編集	113
頂点を除去	83
頂点をストレッチ	83
頂点を追加	83,84,112
直線状	178,185,189
直前に選択	40
直交モード	30
地理的位置	221
ツールパレットを作成	137
ツールプロパティ	137
次のデータリンクを使用して表を更新	212
定常オブジェクトスナップ	26
ディバイダ	86,91
データ書き出し	213
デザインセンター	137
テストブロックを閉じる	180
点オブジェクトスナップ	33
度／分／秒	101
同一位置に貼り付け	142
透過性	118
透過性の値	118
透過性を印刷	119
等間隔	52, 85
独立したハッチングを作成	117
トラッキングの設定	32
トリム	78

● な

投げ縄選択	45
投げ縄のクリックドラッグを許可	46
名前削除	138
名前の付いた印刷スタイル	147
名前の付いたビュー	197
名前を付けて寸法スタイルを登録	58
入力検索オプション	13
入力プロパティ	182

● は

配色パターン	152

配列複写	87,90,185
配列複写の編集を保存	89
配列複写編集セッションを閉じる	89
バインド	202
パス配列複写	90
バックグラウンド処理のオプション	194
バッチ印刷	168
バッチ標準チェッカー	156
ハッチング	112,114,117
ハッチングを背面に移動	97
離す	53
パネルを表示	197
パラメータ	177
パラメータプロパティを追加	182
貼り付け	142
パレットを名前変更	137
反転	183
比較	144
引出線を前面に移動	97
非表示にする	48,188
ビュー管理	197
ビューポート尺度	163
ビューポートロック	163
表示順序	96,144
表示する	188
標準仕様図面	154
標準仕様を確認	155
標準仕様を環境設定	155
フィールド	15,134,196
フィット	60
フィレット	76,79,80
複写	83,141
複数点	34
部分詳細図	165,197,226
プランビュー	174
フリーハンド	125
プレビュー	76,135,151
ブロックエディタ	124,177
ブロックオーサリングパレット	178
ブロック参照オブジェクトメニュー	19
ブロックとして貼り付け	142
ブロックをテスト	179
ブロックを保存	180
プロッタにパブリッシュ	194
プロパティルックアップテーブル	182,190
プロパティを追加	182
分解	53,66,109
分数表記	62
ページ設定管理	163
ベクトル	208
ヘルプ	24
変更セット	144
変更を適用	204

ポインタの入力	15
方式	91
ポリゴン状	125
ポリライン	66,83,106,110
ポリライン編集	107,110,113

● ま

マスプロパティ	129
マルチシートDWFをパブリッシュ	168
マルチテキスト	63,68,134,210
右クリックメニュー	18
メジャー	85,91
面積計算	132
面積を加算	132
面積を減算	133
文字検索	69
文字のみを移動	60
文字を結合	67
文字を前面に移動	97
元に戻す	22
元のオブジェクトをインプレイス編集	88
元のオブジェクトを編集	88

● や

矢印キー	17
ユーザインタフェース	12,19
ユーザインタフェースをカスタマイズ	12,19
優先（一時）オブジェクトスナップ	26,28

● ら

ラスター	144,209
リージョン	128
両端揃え	94
履歴領域	131
リンク貼り付け	212
リンクを管理	227
ルックアップ	181,190
ルックアッププロパティ	182
レイアウト	163
レイアウト - モデル変換	169
レイアウトをシートとして読み込み	198
レイアウトをモデルに書き出し	169

● わ

ワイプアウト	97
ワイルドカードを使用	70

255

◆ 著者紹介

鈴木裕二（すずき・ゆうじ）

1954年大阪生まれ。アド設計代表（http://www.adds.co.jp/）。
建材メーカーに勤務後、1991年、兵庫県西宮市に一級建築士事務所 アド設計を設立。
2013年にはBIMの普及をめざしBIM LABO（http://www.bimlabo.jp/）を大阪市に設立
する。建築専用CAD「addCad」をはじめ、AutoCAD アプリケーション「アドメニュー」
の開発・販売も手掛ける。『徹底解説AutoCAD LT』シリーズをはじめ『AutoCAD神テク
105』『ARCHICAD 21ではじめるBIM設計入門』（いずれもエクスナレッジ刊）など著書
多数。

AutoCADの達人が教えてくれるベストテクニック100　AutoCAD 2019対応

2018年7月21日　初版第1刷発行

著者	鈴木 裕二
発行者	澤井 聖一
発行所	株式会社エクスナレッジ
	〒106-0032　東京都港区六本木7-2-26
	http://www.xknowledge.co.jp/

問合せ先
編集　　TEL：03-3403-5898
　　　　FAX：03-3403-0582
　　　　info@xknowledge.co.jp

販売　　TEL：03-3403-1321
　　　　FAX：03-3403-1829

[本書記事内容に関するご質問について]
本書記事内容についてのご質問は電話での受付／回答ができません。本書104ページをご覧ください。

[無断転載の禁止]
本書掲載記事（本文、図表、イラストなど）を当社及び執筆者の許諾なしに無断で転載（引用、翻訳、
複写、データベースへの入力、インターネットでの掲載など）することを禁じます。

© Yuji Suzuki